新装版

全プロセスつき！毎日のおかず

小田真規子

CONTENTS

本書は、『ふつうの和食を覚えたい！』『もっともっとふつうの和食を覚えたい！』『ふつうのおかずを覚えたい！』『野菜上手になれる、本』（すべて小社刊）を再編集し、書籍化した『全プロセスつき！ 毎日のおかず』の新装版です。内容は同じですのでご注意ください。

PART 5

パッとできる手軽さがうれしい！ 小さなひと皿

料理の基礎

きちんとした味つけ&調理ができるために
調理の基本とコツ

きれいにおいしく作るために
基本の野菜の切り方

形よく見た目よく作るために
魚介の下ごしらえ

料理作りがこれでスムーズに!
料理用語の"わからないこと"解決集

この本を使う前に…。

料理をおいしく上手に作るには、プロセスどおりにちゃんと手順を追っていくことが大切ですが、使う器具のことやレシピの表記についても、あらかじめ知っておくと失敗が防げるものです。まず、料理を作る前に把握しておきたいことを、この本の使い方も含めてご紹介します。

《 分量表記について 》

＊大さじ１は15cc、小さじ１は5cc、１カップは200ccです。
＊にんにくの１片、しょうがの１かけとは、親指の先くらいの大きさを目安にしています。
＊米を量るときのカップは、容量200ccの計量カップを使っています。

《 注意したいこと 》

＊電子レンジ・オーブン・オーブントースターの加熱時間は、あくまでも目安です。
　機種によって加熱時間が異なるので、様子を見ながら加減してください。
＊調理時間は材料の下ごしらえを含めたものです。漬ける、冷やす、炊飯にかかる時間は除いています。

《 レシピページの見方 》

表記してあるページに飛ぶことで
材料の切り方などがチェックできます。

この点線が手順を示すガイドライン。
これと番号に沿って料理を進めていきます。

材料の応用がよくわかるＱ＆Ａつき。
料理のバリエーションが増えます。

料理の流れやコツがひと目でわかる、
ワンポイントアドバイスです。

レシピの内容がよくわかる項目つきです。
手順が頭にパッと入って、調理がスムーズに！

材料はすべて４人分で表記しています。
２人分にするときは、
これを半量にしてください。

料理名・ジャンル・主材料が
パッと目につくインデックス。
いま作りたいおかずがすぐに選べます。

主菜に合う献立を２品紹介！
味・栄養のバランスを
考えて組み合わせています。

PART 1

最初にちゃんと覚えたい！

人気のおかず

親から教えてもらったり、人から聞いて何となく作っている、
肉じゃがや鶏のから揚げ…。
それなりにわが家の味にはなっているけれど、
ちゃんとした作り方がわからないという人は多いはず！
よく食卓に上がるみんなが大好きな人気のおかずを
イチからプロセスどおりに作ってみましょう。
切り方、火の通し方、調味料を入れるタイミングなど、
新しい発見があって、見違えるほどおいしくなりますよ。

肉じゃが

“ほっこり”が身上の肉じゃがは
少ない煮汁で煮るのがコツ中のコツ

肉じゃが

材料はすべて炒めたあと少し煮てから味つけをします。

40分

下準備

1

じゃがいもは一口大に切りそろえ、サッと洗って水につける。玉ねぎは12等分のくし形切り、にんじんは乱切りにする。

牛肉はそれぞれ半分に切り、砂糖、しょうゆをからめて下味をつける。手でよくもみ、肉に調味料をまんべんなくなじませて。

材料（4人分）

- 牛薄切り肉……250g
- 砂糖……小さじ1
- しょうゆ……小さじ1
- じゃがいも……4〜5個（500g）
- 玉ねぎ……1個
- にんじん……1本
- さやえんどう……10枚
- 塩……少々
- 水……1カップ
- 砂糖……大さじ4〜5
- しょうゆ……大さじ4
- サラダ油……大さじ2

煮る

しばらく強火にかけ、煮立ったらアクを取り除く。煮汁が減らないよう、すくい網でアクだけを取り除いて。

4

味つけ

続いて砂糖、しょうゆを加え、ひと混ぜして調味料を行き渡らせる。

献立のヒント

冷ややっこ

ほうれんそうのおひたし

肉じゃがに合う副菜は…

甘辛のこっくりとした味の煮ものには、あっさり味の2品を。メインに足りない緑黄色野菜をきちんと補いましょう。

材料の切り方は

＊じゃがいもの一口大→173ページ
＊玉ねぎのくし形切り→173ページ
＊にんじんの乱切り→172ページ

Q&A

豚肉で作ってもいいの？

肉じゃがには牛肉と決まっているわけではないので、お好みで選んでかまいません。作り方はまったく同じです。適度に脂身のあるほうがおいしくできるので、豚肉ならこま切れ肉（写真上）やバラ薄切り肉（下）がおすすめ。

さやえんどうはすじをとり、塩を加えた熱湯でサッとゆでる。ざるに上げてそのままさましておく。

炒める

2

鍋にサラダ油を中火で熱し、玉ねぎ、水けをふいたじゃがいも、にんじんの順に入れて炒め、最後に肉を加えて炒める。

煮る

3

肉の色がほとんど茶色に変わり、野菜の周囲が透き通ったら、分量の水を加える。

5

煮る

弱火にし、水でぬらしたキッチンペーパーをかぶせて10分煮る。ペーパーは材料に密着させるようにするのがコツ。

一度、木べらで上下を返す。再びキッチンペーパーをかぶせて、さらに10分煮る。

煮汁が底のほうに少しだけになり、ほっくりと煮上がったら、さやえんどうを加え、上下を返せばできあがり。

鶏のから揚げ

ころもは小麦粉と片栗粉を半々に！
“サクッ”としながら粘りがあって
ワンランク上の味わい

鶏のから揚げ

**下味は20分じっくりとつけます。
揚げすぎに気をつけて！**

45分

材料（4人分）

鶏もも肉	1枚
鶏胸肉	1枚
しょうゆ	大さじ2
塩	小さじ½
にんにくのすりおろし	小さじ2
卵	1個
小麦粉	大さじ3
片栗粉	大さじ3
揚げ油	適量

下準備

1

鶏肉はもも肉、胸肉ともにすじを切り、厚みが均一になるよう、厚い部分は切り開いてから、大きめの一口大に切り分ける。

味つけ

2

鶏肉にしょうゆ、塩、にんにくのすりおろしを加えてひと混ぜし、次に卵を溶きほぐして加える。手でよくもみ、20分置く。

揚げる

油の表面の⅔くらいまで入れたら、しばらくそのままの状態で揚げる。最初は泡が大きく、しだいに小さくなってくる。

ころものまわりの色が変わってカリッとしてきたら、箸で裏返す。あとはときどき転がしながら、7〜8分かけてカラッと揚げる。

献立のヒント

焼きなす

かぼちゃの煮もの

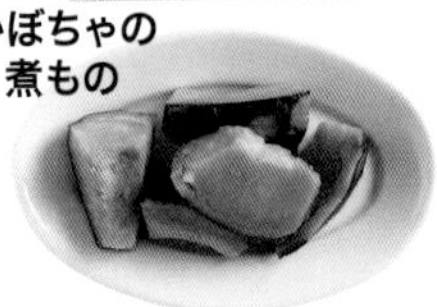

鶏のから揚げに合う副菜は…

栄養価の高い野菜を補いたいので、かぼちゃの煮ものを。もう1品は軽くあっさりした焼きなすがおすすめです。

油の温度は

＊揚げ油の温度→171ページ

3 ころもつけ

肉に小麦粉と片栗粉をふり入れ、手でさっくりと混ぜ合わせる。粉を2種類使うと、それぞれの長所が引き出され、おいしいころもになる。

下味と粉が混ざり、とろりとなったらころもつけ完了。このとろっとしたころもが、揚げるとサクサクに変わる。

4 揚げる

フライパンに2～3㎝の深さまで油を入れ、170度（中温）に熱して肉を1つずつ入れる。たっぷりころもをからめるようにしながら、油に落としていく。

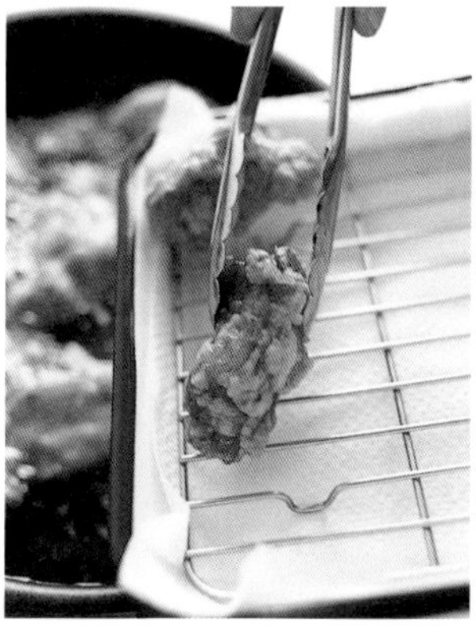

小さくなった泡が再び大きくなり、全体が色よく揚がったらバットに上げて油をきる。皿にラディッシュと一緒に盛り、レモンを絞っていただく。

Q&A

骨つきの肉でも作れますか？

ここではもも肉と胸肉を使っていますが、骨つきのももぶつ切り肉（写真上）や手羽元（下）でも同じ作り方でおいしくできます。ただ骨があると火が通りにくいことを頭に入れて。油を160～170度に保ち、揚げる時間を長めにするといいでしょう。

焼き始めは“ピーマン側”を下にして！
身が縮むのが防げるうえ
肉汁もしっかりキープできます

ピーマンの和風肉詰め

ピーマンの和風肉詰め

焼き色がついたら裏返して中火で2分、ふたをして弱火で5分焼きます。

45分

材料（4人分）

	ピーマン	6個
A	豚ひき肉	300g
A	玉ねぎ	½個
A	卵	1個
A	パン粉	½カップ
A	塩	小さじ⅓
	小麦粉	適量
B	みりん	大さじ3
B	しょうゆ	大さじ3
B	水	大さじ3
	サラダ油	大さじ2

下準備

1

ピーマンは縦半分に切って、ヘタと種をとる。中に具を詰めるので、種はていねいにとるように。

Aの玉ねぎはみじん切りにする。

詰める

タネを12等分し、ピーマンの内側にそれぞれ詰める。すき間がないようにきっちりと。

タネの上にも、小麦粉を茶こしでふる。

献立のヒント

わかめとねぎのサッと煮

長いもの明太炒め

ピーマンの和風肉詰めに合う副菜は…

サクサクッと食感のいい長いもの炒めものを合わせ、もう1品は低カロリーのわかめの煮ものでさっぱりとさせます。

材料の切り方は

＊玉ねぎのみじん切り→172ページ

Q&A

ほかの野菜でも肉詰めはできますか？

ひき肉と相性がいいなすでも、おいしくできます。なすはヘタをとって縦半分に切り、スプーンでまわりを5㎜残してくりぬき、あとはピーマンと同様にして作ります。くりぬいたなすは細かく刻み、タネに混ぜるようにします。

2　タネを作る

ボウルに豚ひき肉と玉ねぎ、残りの**A**の材料をすべて合わせる。

手でよく混ぜ合わせる。材料がムラなく混ざり、全体がなめらかになってきたらＯＫ。

3　詰める

ピーマンの内側に小麦粉を茶こしでふり、余分な粉を払う。粉がのりがわりになるので、タネがピーマンとよくなじみ、はがれにくくなる。

4　焼く

フライパンにサラダ油を中火で熱し、ピーマン側を下にして焼く。これでピーマンとタネがくっつき、うまみも逃げない。

焼き色がついたら裏返して、中火で2分焼く。その後ふたをして、弱火で5分じっくり蒸し焼きにする。

Bを混ぜ合わせておき、いい焼き色がついたら一気にまわし入れる。中火で水分をとばしながら火を通し、とろりと照りよくからんできたら火を止める。

さばのみそ煮

先に煮汁を作り、味つけは“1回だけ”
片栗粉でとろみをつけるから
煮つめすぎの失敗もなし！

さばのみそ煮

さばは熱湯をまわしかけ、生臭さを抜いてから使います。

30分

材料（4人分）

- さば（二枚におろしたもの）……2枚（500〜600g）
- 長ねぎ……2本
- しょうが……1かけ
- A
  - 酒……1/3カップ
  - しょうゆ……大さじ1
  - 砂糖……大さじ3
  - みそ……大さじ3〜4
  - 水……2/3〜1カップ
- 片栗粉……大さじ1/2
- 水……大さじ1

下準備

1

さばはそれぞれ半分に切り、皮目に5㎜深さの十文字の切り込みを入れる。これで火の通りがよくなる。

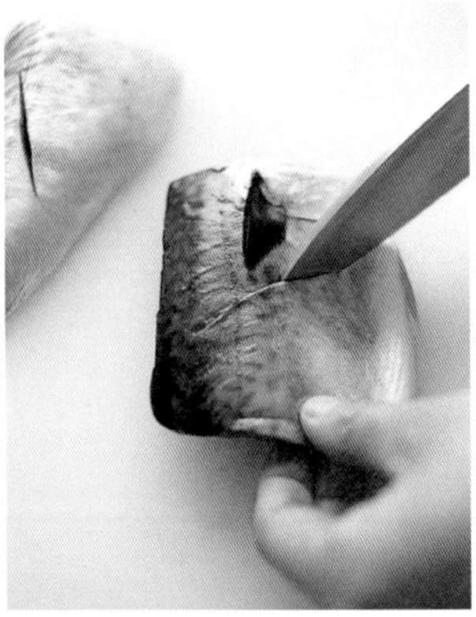

長ねぎは5〜6㎝長さのぶつ切りにし、しょうがは薄切りにする。

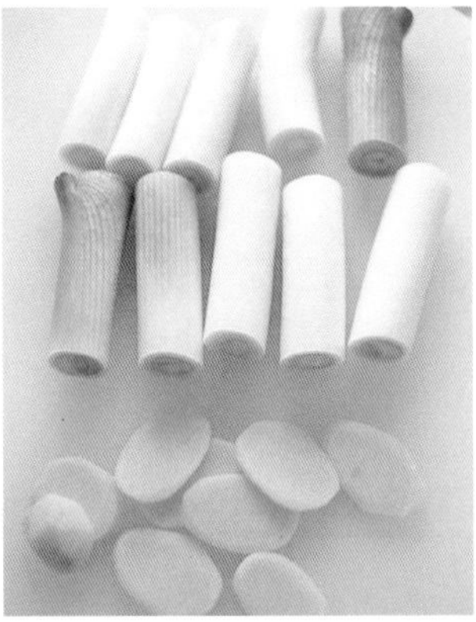

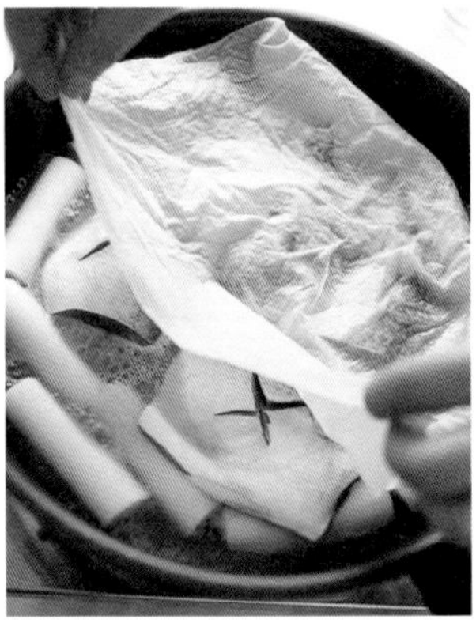

水でぬらしたキッチンペーパーを、材料に密着させるようにしてかぶせる。

グラグラッと煮立ってきたら長ねぎを入れ、真ん中に、さばを身のほうを下にして並べ入れる。

3

煮る

献立のヒント

小松菜のおひたし

焼き厚揚げ

さばのみそ煮に合う副菜は…

しっかり、こってり味のみそ煮には、定番のおひたしがお似合い。たんぱく質が豊富な厚揚げで栄養のバランスもバッチリです。

材料の切り方は

＊しょうがの薄切り→173ページ
＊さばの二枚おろし→175ページ

Q&A

みそはどんな種類でもいいの？

まったく決まりはありません。赤だしみそ（写真上）、粒みそ（中）、色が薄めの米みそ（下）などがよく使われていますが、どれを選んでも大丈夫。ただ、西京みそと呼ばれる白みそだけは、甘みが強いので不向きです。

煮汁を作る 2

さばをざるに並べ、熱湯をまわしかける。さば独特の臭みが抜け、味が入りやすくなる。

フライパンに**A**を合わせて入れ、煮汁を作る。この段階で調味料はすべて混ぜてしまうので、あとは煮るだけ。

しょうがを加え、中火で煮立てる。

ふたを少しずらしてかぶせ、中火で煮る。煮立ったら弱火にして15分煮る。

片栗粉を分量の水で溶き混ぜてまわし入れ、煮汁を混ぜてムラなくとろみをつける。

ひと煮して、さばに煮汁がからんだらできあがり。皿に長ねぎ、しょうがと一緒に盛る。

4 仕上げ

とんかつ

1回に2枚ずつ、油をかけながら“じっくり”揚げます。これで絶対カラッ！

とんかつ

粉と卵はあらかじめ混ぜておくとひと手間省けて調理がラクラク。

30分

材料(4人分)

豚ロース厚切り肉(120ｇのもの)……4枚
塩……小さじ1/2
コショウ……少々
┌小麦粉……1/4 カップ
│卵……1個
└パン粉……1カップ
中濃ソース……適量
練りがらし……適量
揚げ油……適量

下準備

1

空きびん(あれば肉たたき)で、肉をたたいて広げる。細かいすじが切れてやわらかくなる。

豚肉はすじ切りをする。赤身と脂身の境目に包丁の先を入れ、深さ5㎜程度の切り込みを入れればＯＫ。片面につき5～6か所、両面入れて。これで肉の縮みやそり返りが防げる。

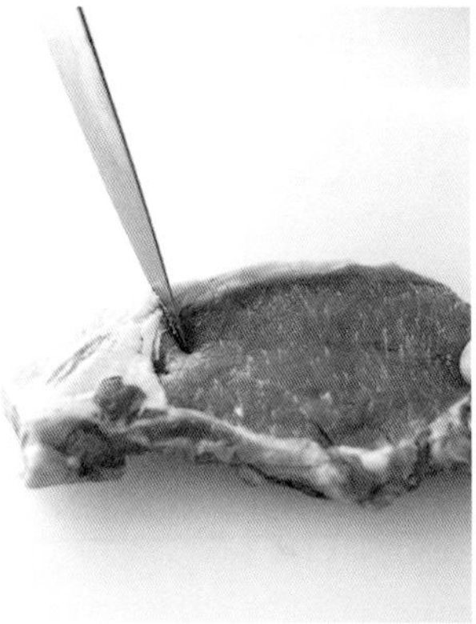

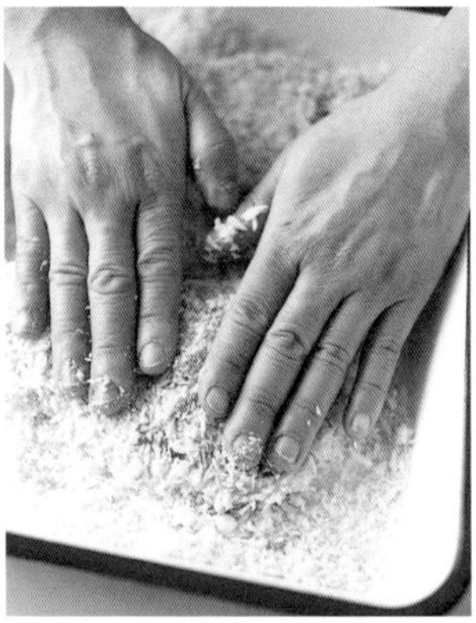

続いて肉にパン粉をまぶす。たっぷりのパン粉をバットに用意し、手のひらでしっかりと押さえるようにして両面につけ、余分なパン粉を払う。

肉をころもにくぐらせ、まんべんなくつける。普通は小麦粉、卵の順につけるが、あらかじめ混ぜてあるので手間が半減。仕上がりに差はない。

ころもつけ

献立のヒント

切り干し大根の煮もの

トマトサラダ

とんかつに合う副菜は…

ボリュームもパンチもあるとんかつには、しみじみとしたしょうゆ味の煮ものを組ませます。トマトでさっぱり感と彩りを。

油の温度は

＊揚げ油の温度→171ページ

Q&A

ロース以外の部位でも作れる？

とんかつ用のロース肉のほか、もも肉（写真下）やヒレ肉（上）で作ってもOK。もも肉は適度に脂があり、ヒレ肉はさっぱりしたやわらかい食感が楽しめます。どちらもブロックで買い求め、1〜1.5㎝厚さに切って使います。

2 ころもつけ

肉の形を整え、まんべんなく塩とコショウをふる。裏面にも同様にふる。

小麦粉に溶きほぐした卵を加え、よく混ぜてころもを作る。

ころもはこのくらいのゆるさに。スプーンですくって落とすと、ツーッと落ちてくるくらいが目安。固いようなら水を足して調節を。

3 揚げる

フライパンに2〜3㎝の深さまで油を入れ、170度（中温）に熱して肉を揚げる。1回で揚げるのは2枚までに。

表面から出ている部分に油をかけながら、3〜4分揚げる。ころものまわりが色づき、カリッとしてきたら裏返し、そのまま3〜4分揚げる。

残りの2枚も同様に揚げ、バットに上げて油をきる。適宜に切り分け、せん切りにしたキャベツと皿に盛り、中濃ソースをかける。練りがらしを添えて。

材料違いでもう1品!

あじフライ

新鮮なあじをぜひ使って！塩とコショウをふって揚げます。

30分

材料（4人分）

あじ……………4尾
塩………小さじ1/3
コショウ………少々
┌ 小麦粉……1/4カップ
│ 卵……………1個
└ パン粉……1カップ
揚げ油…………適量

作り方

1 あじはゼイゴをとって頭を落とし、おなかを切って内臓を出す。よく洗って水けをふき、三枚におろして包丁で腹骨をそぐ。
2 あじ全体に塩とコショウをふる。
3 小麦粉に溶きほぐした卵を少しずつ加え、よく混ぜてころもを作る。
4 あじを3にくぐらせてまんべんなくころもをつけ、続いて全体にパン粉をしっかりとまぶし、余分なパン粉を払う。
5 油を170度（中温）に熱して、あじを入れる。油をかけながら4～5分かけて、全体をきつね色にカラッと揚げる。

Point

上の身、中骨、下の身と3つに分かれたものが、三枚おろし。中骨は油でじっくり揚げて骨せんべいに。

PART 2

レパートリーが増えて、腕前アップ！

和・洋・中華の基本のおかず

何度作っても、“味が決まらない”“形よくできない”…
そんなこと、けっこうありますよね。
ここで紹介するごくごく普通のおかずは
毎日でも繰り返し作りたい、おなじみのものばかり。
だからこそキチンと基本からレッスンして、
味も見栄えもしっかり自分のものにしましょう。
ていねいなプロセス解説にコツとヒントを
いっぱい盛り込みました。
これで和風、洋風、中華のおかずが、もうお手のもの！

おいしく作るには
玉ねぎを一緒に炒めます
肉が堅くならずに“うまみ”たっぷり！

献立のヒント

しらすおろし

わけぎのぬた

しょうが焼きに
合う副菜は…

酸味の効いたみそ味の副菜で味のバリエーションを持たせ、箸休めにしらすおろしを。野菜もたっぷりとれます。

しょうが焼き

**肉の漬け込みは不要！
最後にたれをからめるだけです。**

25分

材料（4人分）

- 豚ロース肉しょうが焼き用……400〜450g
- 塩……小さじ1/3
- 玉ねぎ……1個
- しょうゆ……大さじ3
- しょうがの絞り汁……大さじ1
- 酒……大さじ1
- 砂糖……小さじ1/2
- サラダ油……大さじ1

1 下準備

玉ねぎは縦半分に切り、繊維を断つように約5㎜幅に切る。こうすると、玉ねぎが肉にからみやすい。

豚肉はバットに広げ、まんべんなく塩をふる。肉に下味をつけておくと、最後にたれをからめたときに味がなじみやすい。

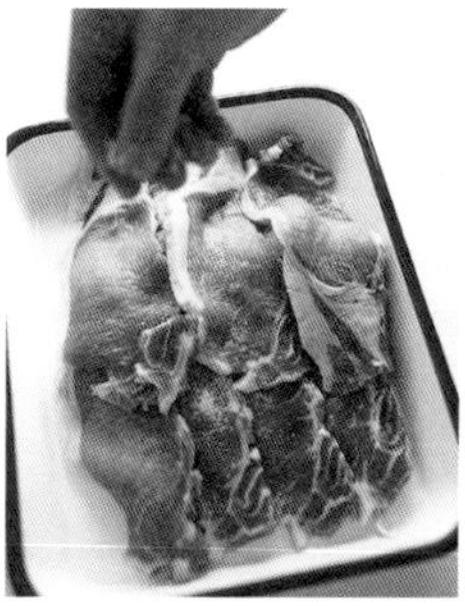

ボウルにしょうゆ、しょうがの絞り汁、酒、砂糖を合わせて混ぜ、味つけ用のたれを作る。調理がスムーズにいくよう、あらかじめ準備しておく。

2 焼く

フライパンにサラダ油を熱し、肉を1枚ずつ広げ入れて強火で焼く。うっすらと焼き色がついたものから順に返し、同様に裏も焼く。

焼く

肉の両面に焼き色がついたら、玉ねぎを加える。箸で玉ねぎをほぐしながら、肉にからめるように炒める。

3 味つけ

玉ねぎがやや透き通ってしんなりしてきたら、味つけ用のたれをまわし入れる。全体に行き渡るように。

中〜強火で肉をたれにからめながら、水分をとばす。たれが煮つまり、肉に照りが出たら火を止める。皿に盛り、トマトと塩ゆでしたブロッコリーを添える。

Q&A 「しょうが焼き用」以外の肉でも作れる？

「しょうが焼き用」という肉が見あたらなければ、全体に脂身が混じった「肩ロース」や「ロース」の薄切りを選んでください。ただ、あまり薄く切ったものではなく、やや厚めのほうが肉の味が堪能できます。

ぴったり入る鍋に並べて
“少なめ”の煮汁で煮込むのがコツ
これで形よく、シャキッと！

献立のヒント

春菊と長いものサラダ

雷こんにゃく

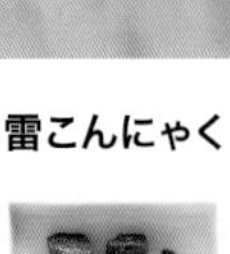

和風ロールキャベツに合う副菜は…

やさしい味のメインには、ピリッと辛いこんにゃくとシャキシャキサラダを合わせ、味と食感にメリハリを。

和風ロールキャベツ

**キャベツでしっかり巻いて
20〜25分コトコトと煮ます。**

50分

材料の切り方は

＊玉ねぎのみじん切り→172ページ
＊生しいたけの粗みじん切り→172ページ
＊しょうがの薄切り→173ページ

材料（4人分）

	キャベツ	8枚
	鶏ひき肉	400g
A	玉ねぎ	½個
	生しいたけ	4個
	塩	小さじ⅔
	パン粉	¼カップ
	卵	1個
	早煮昆布	10㎝長さ1枚
	しょうがの薄切り	2枚
B	水	2〜3カップ
	薄口しょうゆ	大さじ3
	みりん	大さじ3
	片栗粉	小さじ2
	水	小さじ4

1 下準備

キャベツは破らないように葉をはがし、4枚ずつ重ねてラップで包み、電子レンジで4分加熱する。残り4枚も同様に。

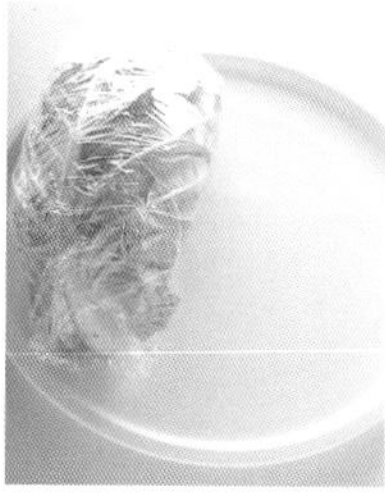

すぐにラップをはずし、ざるに広げてさます。手早くするのがコツ。

Aの玉ねぎはみじん切りにし、生しいたけは石づきをとって、粗みじん切りにする。

2 タネを作る

ボウルに鶏ひき肉と玉ねぎ、生しいたけ、残りの**A**の材料を合わせ、なめらかになるまで混ぜる。これを8等分にして、俵形にする。

3 巻く

キャベツは芯を手前にして広げ、タネを中央より少し手前にのせる。

キャベツでタネをひと巻きし、空気を抜くようにきっちり押さえる。さらに左右を折りたたみ、クルッと巻き込む。同様にして8個作る。

4 煮る

平たい鍋に昆布を敷き、キャベツの巻き終わりを下にして、すき間のないように並べる。しょうがの薄切りをのせて、合わせておいた**B**を加え、中火にかける。

煮立ったら弱火にし、水でぬらしたキッチンペーパーを材料に密着させるようにかぶせて、20〜25分煮る。これで煮汁がよくまわる。

5 とろみづけ

キッチンペーパーをはずし、分量の水で溶いた片栗粉をまわし入れる。全体にとろみがついたら火を止め、皿に盛って煮汁をかける。

Q&A 白菜でも同じように作れるのですか？

もちろんできます。キャベツと同様に8枚使い、電子レンジで加熱する時間も作り方も同じ。ただし、堅い芯のところは、包丁で斜めにそいだほうが巻きやすくなります。芯は刻んでタネに入れるとムダも出ません。

タネは1分くらい
“まんべんなく”練り混ぜます
油はしっかり低温をキープして

献立のヒント

生春菊サラダ

ひじきの煮もの

メンチカツに
合う副菜は…

緑黄色野菜のシンプルサラダを合わせ、もう１品は低カロリーの海藻の煮ものでカロリーのとりすぎを防止します。

メンチカツ

手で形よくだ円にまとめ、くずさないようていねいに整えます。

45分

材料の切り方・油の温度は

＊玉ねぎのみじん切り→172ページ
＊揚げ油の温度→171ページ

材料（4人分）

A	豚ひき肉	500g
	玉ねぎ	1/2個
	パン粉	1/4カップ
	みそ	大さじ1
	塩	小さじ1/2
	コショウ	少々
	小麦粉	1/4カップ
	卵	1個
	水	適量
	パン粉	1カップ
揚げ油		適量

1 タネを作る

Aの玉ねぎはみじん切りにし、ボウルに入れて残りのAと合わせる。

手で1分くらいよく練り混ぜる。材料がムラなく混ざり、肉が白っぽくなって粘りが出てきたらOK。

タネを1/8量ずつ手にとり、手のひらに2～3回打ちつけて空気を抜き、だ円にまとめる。火が通るとふくらむので、指で中央をへこませる。

2 ころもつけ

小麦粉に溶きほぐした卵を加えて混ぜ、ころもを作る。スプーンで落としてみて、ツーッと落ちるくらいがちょうどいい。固いようなら水を足して調節を。

ころもつけ

タネをころもにくぐらせ、続いてパン粉をまぶす。形がくずれないよう気をつけながら、手のひらでしっかり押さえてつける。

3 揚げる

フライパンに2～3㎝の深さまで油を入れ、160度（低温）に熱して静かにタネを入れる。一度に揚げるのは4つまでにする。

表面から出ている部分に油をかけながら、4～5分揚げる。ころもの周囲の色が変わってカリッと固まったら、裏返して4～5分そのまま揚げる。

全体が色よく揚がったら、バットに上げて油をきる。皿に盛り、レタスやラディッシュなどの生野菜を添える。

Q&A **ほかのひき肉でもできますか？**

鶏ひき肉や牛ひき肉でもできますが、メンチカツには豚肉の独特のコクとうまみがぴったり。特に鶏ひき肉だけだと、もの足りない味になります。どちらの場合も、豚ひき肉と半量ずつ合わせて作るのがおすすめです。

鶏の照り焼き

**最初に塩と酒で“下味”つけ！
甘辛い味が肉によ～くしみます。**

25分

材料（4人分）

鶏もも肉	2枚
塩	小さじ1/3
酒	大さじ1
A 砂糖	大さじ1
A 酒	大さじ2
A みりん	大さじ2
A しょうゆ	大さじ2
サラダ油	大さじ1

1 すじ切り

鶏肉は焼き縮みしないよう、白いすじを数か所切る。さらに肉の厚みに包丁を斜めに入れて切り開き、皮面にフォークで穴をあけて半分に切る。

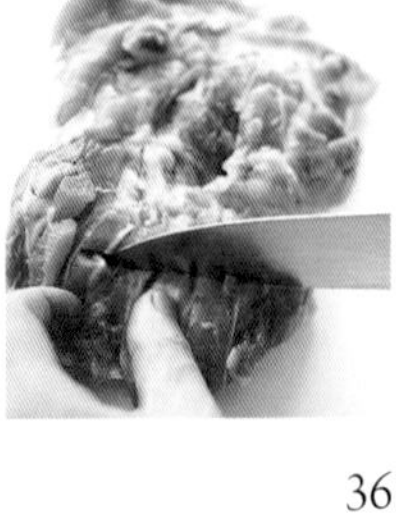

2 下味つけ

肉をバットに入れて全体に塩と酒をふり、10分置く。こうすると、たれがからんで味がなじむ。そのあと、水けをキッチンペーパーでふく。

3 焼く

フライパンにサラダ油を中火で熱し、肉の皮側が下になるように並べ入れて、きつね色になるまで2分焼く。

小さくたたんだキッチンペーパーで、出てきた脂をふきとり、肉を裏返してさらに2分焼く。

4 味つけ

Aを合わせたたれを注いで中火で煮立て、弱火で味をからめながら煮つめる。いい照りが出てきたらできあがり。

材料違いでもう2品!

ぶりの照り焼き

**脂ののったぶりは
こっくりした味と最高のコンビ。**

材料(4人分)

ぶり……4切れ
- 塩……小さじ1/3
- 酒……大さじ1/2

A
- 砂糖……大さじ1/2
- 酒……大さじ2
- みりん……大さじ2
- しょうゆ……大さじ2

サラダ油……大さじ1

作り方

1 ぶりはバットに並べ、塩と酒をふってそのまま10分置く。
2 フライパンにサラダ油を中火で熱し、ぶりの水けをキッチンペーパーでふきながら、皮側が下になるように並べ入れる。
3 ぶりにうっすらと焼き色がつくまで中火で2分焼き、裏返してさらに2分かけて焼き色をつける。
4 小さくたたんだキッチンペーパーで、出できた脂をふきとる。
5 **A**を合わせたたれを注いで中火で煮立てる。途中で裏返し、弱火でしっかりと味をからめる。

かじきの照り焼き

**裏表2分ずつ焼いて
こんがりとした色をつけます。**

材料(4人分)

かじき……4切れ
- 塩……小さじ1/3
- 酒……大さじ1/2

A
- 砂糖……大さじ1/2
- 酒……大さじ2
- みりん……大さじ2
- しょうゆ……大さじ2

サラダ油……大さじ1

作り方

1 かじきはバットに並べ、塩と酒をふってそのまま10分置く。
2 フライパンにサラダ油を中火で熱し、かじきの水けをキッチンペーパーでふきながら並べて、まず2分焼く。
3 かじきにうっすらと焼き色がついたら裏返し、さらに2分かけて焼き色をつける。
4 小さくたたんだキッチンペーパーで、出てきた脂をふきとる。
5 **A**を合わせたたれを注いで中火で煮立てる。途中で裏返し、弱火でしっかりと味をからめる。

味が中まで“じーんわり”
材料に調味料を
直接からめているのが勝因！

献立のヒント

きゅうりとわかめの
酢のもの

焼き油揚げ

豚バラと大根の煮ものに合う副菜は…

こってりとコクのある煮ものには、さっぱりした酢のものを。手のかからない焼き油揚げは大助かりの副菜。

豚バラと大根の煮もの

肉は最初に焼きつけ、水を注いで脂を抜きます。

60分

材料（4人分）

豚バラかたまり肉	600g
大根	小1本(800g)
にんにく	5〜6片
しょうゆ	⅓カップ
みりん	½カップ
水	2と⅓カップ
大根の葉	少々
ごま油	大さじ2

材料の切り方は

＊大根の半月切り→173ページ

1 下準備

豚肉は1.5㎝厚さに切り、大根は2㎝厚さの半月切りにし、にんにくはそのまま使う。

2 肉の脂抜き

フライパンにごま油大さじ1を熱し、豚肉を焼く。両面にこんがりと焼き色がついたら、水1カップを注いで煮立てる。

アクを取り除き、弱火にして10分煮たら、いったんざるに上げて水けをきる。これで余分な脂が抜けるだけでなく、味がしみ込みやすくなる。

3 焼きつける

フライパンをざっと洗い、ごま油大さじ1を熱して大根を並べる。表面に焼き色がついたら裏返し、同様に焼きつける。

両面にいい焼き色がついたら、豚肉を戻し入れ、ひと混ぜして油をなじませる。

4 味つけ

しょうゆ、みりんをまわし入れる。こうして材料に直接味をつけるのが、この作り方のポイント。

トングで材料をつかみ、調味料をからめるようにして、よく味をしみ込ませる。2〜3分かけてたんねんに。

5 煮る

豚肉と大根が茶色くなり、ほどよい照りが出たらにんにくを加え、水1と⅓カップを注いで中火で煮立てる。

アクが浮いてきたらていねいに取り除き、水でぬらしたキッチンペーパーを材料にかぶせて、弱火で20分煮る。

煮汁がほとんどなくなるまで煮たら完成。器に盛り、塩ゆでした大根の葉を添える。

Q&A　バラ肉をもっとやわらかく煮るには？

豚バラ肉をとろりとやわらかく煮たいなら、圧力鍋が早くてお役立ち。最初はフライパンを使い、煮る段階から圧力鍋に移します。炒めることができるものなら、もちろん最初から圧力鍋ひとつでＯＫ。

すき焼き風がおいしい煮もの
肉とねぎのうまみを
豆腐に“めいっぱい”吸わせます

献立のヒント

れんこんの甘酢

たたききゅうり明太

肉豆腐に
合う副菜は…

やわらかい食感の肉豆腐には、シャキシャキ感のある野菜を。さわやかな副菜で味のバランスもとれます。

肉豆腐

肉とねぎを先に煮て うまみが出てから豆腐を加えます。

30分

材料の切り方は

＊長ねぎの斜め切り→172ページ

材料（4人分）

牛薄切り肉	250g
長ねぎ	2本
焼き豆腐	2丁
春菊	1/2束
しょうゆ	1/4カップ
砂糖	大さじ1
みりん	1/4カップ
水	1/2カップ
サラダ油	大さじ1

下準備 1

長ねぎは1㎝厚さの斜め切りにし、豆腐はそれぞれ4～6等分する。春菊は葉先だけをちぎって使う。

炒める 2

フライパンにサラダ油を熱し、長ねぎ、牛肉の順に炒める。

味つけ 3

牛肉の色が変わったら、しょうゆ、砂糖、みりん、分量の水を加え、中火で煮立てる。

煮る 4

アクが浮いてきたらていねいに取り除く。この段階で、煮汁に長ねぎと牛肉のうまみがしみ出ている。

煮る

牛肉と長ねぎを端に寄せ、静かに豆腐を入れる。再び煮立ったら、弱火にして4～5分煮る。

最後に春菊を加え、すぐに火を止める。しばらく置いて味をなじませてから器に盛る。

Q&A

ほかの豆腐でも作れますか？

焼き豆腐は煮くずれせず、香ばしい風味が魅力ですが、お好みで木綿豆腐を使ってもかまいません。キッチンペーパーで表面の水けをよくふいてから使います。絹ごし豆腐はやわらかすぎてくずれてしまうので、この料理には不向き。

タネのつなぎにはパン粉を利用
“ふっくら”と味よくなって
甘辛いたれとも相性よし！

献立のヒント

大根とにんじんのなます

チンゲンサイとじゃこのサッと煮

鶏のつくね焼きに合う副菜は…

つくねは食感がやわらかくて甘めなので、さっぱりと歯ごたえのあるなますを。栄養バランスを考えて青菜も組み合わせて。

鶏のつくね焼き

表面を焼いてから味つけして、最後は蒸し焼きにします。

40分

材料（4人分）

A	鶏ひき肉	400g
A	長ねぎ	1本
A	しょうが	$\frac{1}{2}$かけ
A	パン粉	$\frac{1}{4}$カップ
A	塩	小さじ$\frac{1}{2}$
A	酒	大さじ1
B	しょうゆ	大さじ2
B	みりん	大さじ2
B	水	大さじ2
	小麦粉	大さじ1
	サラダ油	大さじ1

材料の切り方は

＊長ねぎの粗みじん切り→172ページ

1 下準備

Aの長ねぎは粗みじんに切り、しょうがはすりおろす。

ボウルにBを合わせ、たれを作る。あらかじめ作っておけば、タイミングを逃さずに味つけができる。

2 タネを作る

ボウルにAの材料を合わせて、タネの準備をする。

手で1分くらいよく練り混ぜる。具と調味料がムラなく混ざり、粘りが出てくるまでが目安。

$\frac{1}{12}$量ずつ手にとり、手のひらに2～3回打ちつけて空気を抜いてから、小判形にまとめる。やや小さめにしたほうが食べやすく、火の通りも早い。

3 粉をまぶす

タネの両面に小麦粉をまぶし、余分な粉は払う。小麦粉をまぶすことで肉のうまみを閉じ込め、たれのからみがよくなる。

4 焼く

フライパンにサラダ油を中火で熱し、タネを並べ入れて焼く。表面にこんがりとした焼き色がついたら順に裏返し、同様に焼く。

両面にいい焼き色がついたら、たれをまわし入れる。フライパンを揺すって全体に行き渡らせる。

すぐにふたをし、中～強火で3分蒸し焼きにする。これで中まで火が通り、ふっくらとした仕上がりに。

ふたをとり、強火にして水分をとばす。たれが煮つまり、とろりとなってタネにからんできたらできあがり。大根おろしでいただいてもおいしい。

Q&A いろいろな野菜をタネに入れてもいい？

野菜を入れて具だくさんに作るのもおいしいもの。歯ごたえのあるれんこんやゆでたけのこ、甘みのあるにんじん、だしの出るしいたけなどがぴったり。ひき肉となじむように、どれもみじん切りにして入れます。

手羽先は先を切り取らずに
そのまま使います
“いいだし”がしみ出て
味の深みが違う！

献立のヒント

菜の花の
からしあえ

さつま揚げの
みぞれあえ

鶏手羽先とごぼうの煮ものに
合う副菜は…

ボリュームとたんぱく質をさつま揚げでカバー。ピリッとしたからしあえを加え、3品の中で味の変化をつけます。

鶏手羽先とごぼうの煮もの

鶏手羽先は水で洗い、油で焼きつけてから煮ます。

50分

材料の切り方は

＊ごぼうの斜め切り→172ページ
＊しょうがの薄切り→173ページ

材料（4人分）

	鶏手羽先	12本
	ごぼう	大2本（300～350g）
	しょうが	1かけ
A	水	1と1/2カップ
A	酒	1/4カップ
B	砂糖	大さじ1
B	しょうゆ	大さじ2
B	みそ	大さじ1
	サラダ油	大さじ1

1 下準備

手羽先はよく水洗いして、表面の汚れなどを取り除き、水けをふきとる。羽根が残っていることもあるので、ていねいに。

ごぼうは1㎝厚さの斜め切りにして水にさらし、しょうがは薄切りにする。

2 焼きつける

フライパンにサラダ油を中火で熱し、手羽先を焼きつける。表面にこんがりとした焼き色がついたら裏返し、同様に焼き色をつける。

3 煮る

次にしょうがを加え、**A**を合わせて注ぎ入れ、強火で煮立たせる。

浮いてきたアクをていねいに取り除く。お玉だと煮汁が減るので、すくい網でアクだけをとる。

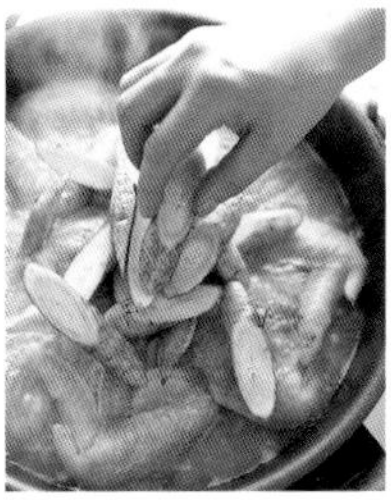

続いてごぼうを加え、中火で4～5分煮る。ごぼうは堅いので、ここで先に少し煮ておく。

Bを溶き混ぜて加え、フライパンを傾けて調味料を均一に行き渡らせたら、中火で一度煮立てる。

水でぬらしたキッチンペーパーを材料にかぶせ、弱火で15分煮る。

ごぼうがやわらかくなり、煮汁が底に少し残るくらいになったらできあがり。

煮る

Q&A

手羽先、手羽元…どれがどれ？

写真上から「手羽元」「手羽中」「手羽先」。手羽元はウイングスティックとも呼ばれ、から揚げなどに最適。手羽中は手羽先の先端を落としたもので、料理で使い分けます。うまみは手羽先がいちばん豊富です。

牛肉のいんげん巻き

小麦粉が“きちんと”ついていれば文句なしに誰でも上手にできる！巻く野菜は火の通りやすいものがベスト。

30分

材料（4人分）

牛もも薄切り肉		8〜12枚
さやいんげん		2袋（36本）
塩		少々
小麦粉		大さじ3
A	しょうゆ	大さじ2
	みりん	大さじ2
	酒	大さじ2
	水	大さじ2
サラダ油		大さじ2

1 塩ゆで

さやいんげんは塩をふってもみ、このまま熱湯で堅めにゆでる。ざるに上げて手早くさまし、半分の長さに切る。

2 巻く

牛肉は1枚ずつ広げて縦長に置き、手前にさやいんげんを6〜7本ずつのせてクルクル巻く。

3 粉をつける

バットに小麦粉をふり入れ、その上で肉を転がしながら、まんべんなく粉をまぶす。余分な粉は払い落としておく。

4 焼く

フライパンにサラダ油を中火で熱し、肉の巻き終わりを下にして並べる。全体に焼き色がつくまで、肉を転がしながら焼きつける。

Aを合わせたものをまわし入れ、肉を返しながら味をからめる。照りが出てきたら、半分に切って皿に盛る。

材料違いでもう2品!

豚肉の2色巻き

中までしっかり火を通して!
青じその風味がいいですよ。

材料（4人分）

豚もも薄切り肉……8〜12枚
塩・コショウ……各少々
えのきたけ……3袋
青じそ……12枚
小麦粉……大さじ3
A しょうゆ……大さじ2
A 酒……大さじ2
A 水……大さじ2
サラダ油……大さじ2

作り方

1 えのきたけは根元を切り落としてほぐす。
2 豚肉は1枚ずつ広げて塩とコショウをふり、青じそと1を手前にのせて、クルクル巻く。
3 バットに小麦粉をふり入れ、肉を転がしながら粉をまんべんなくまぶし、余分な粉は払い落とす。
4 フライパンにサラダ油を中火で熱し、肉の巻き終わりを下にして並べ、転がしながら焼きつける。
5 全体に焼き色がついたら、**A**を合わせたものをまわし入れ、中火で照りよく煮からめる。

牛肉のアスパラ巻き

肉はアスパラに均一に巻きます。
おもてなしにもグッド!

材料（4人分）

牛もも薄切り肉……8〜12枚
塩・コショウ……各少々
グリーンアスパラ……8〜12本
小麦粉……大さじ3
A しょうゆ……大さじ2
A 酒……大さじ2
A 水……大さじ2
七味唐辛子……少々
サラダ油……大さじ2

作り方

1 グリーンアスパラは、ピーラーで根元の堅い部分の皮を薄くむく。
2 牛肉は1枚ずつ広げて塩とコショウをふり、1を1本ずつのせて手前から巻く。そのあと全体に小麦粉をまぶし、余分な粉は払い落とす。
3 フライパンにサラダ油を中火で熱し、肉の巻き終わりを下にして並べ、転がしながら焼きつける。
4 全体に焼き色がついたら、**A**を合わせたものをまわし入れ、中火で照りよく煮からめる。皿に盛って、七味唐辛子をふる。

肉はかたまりのまま“ドーンと”ゆでます
うまみが逃げずに、仕上がりがしっとり！

献立のヒント

トマトの
和風サラダ

焼きアスパラの
おかかかけ

豚の角煮に
合う副菜は…

こってりしているメインには、酸味の効いたサラダと
あっさり味のアスパラを。野菜不足もカバーできます。

豚の角煮

まず、長ねぎとしょうがで下ゆで！ それから弱火でじっくり煮込みます。

120分

材料の切り方は

＊しょうがの薄切り→173ページ

材料（4人分）

豚バラかたまり肉	800g
長ねぎ	2本
しょうが	2かけ
しょうゆ	1/3カップ
酒	1/2カップ
砂糖（または黒砂糖）	大さじ3
水	1と1/2〜2カップ
溶きがらし	適量

1 下準備

長ねぎは4㎝長さのぶつ切りにし、青い部分と白い部分に分ける。青い部分は肉の臭み消しに効果がある。

しょうがは皮をむき、薄切りにする。皮は肉の臭み消しに使うのでとっておく。

2 下ゆで

鍋に肉をかたまりのまま入れ、長ねぎの青い部分としょうがの皮を加え、たっぷりの水を注いで中火にかける。

煮立ったらアクをていねいにとり、弱火で40〜50分煮る。

あら熱がとれるまで鍋の中でさまし、肉を取り出して2㎝厚さに切る。

3 煮る

別の鍋に肉としょうがを入れて、しょうゆと酒、砂糖を加え、ふたをして中火にかける。

煮立ったら弱火にし、肉の上下を返しながら10〜15分煮て味をからめる。ここでしっかり味をつけるのがポイント。

次に分量の水を加え、再び中火にかける。

煮立ったら長ねぎの白い部分を加え、ふたを少しずらしてかける。弱火で40〜50分煮、肉がやわらかくなったら皿に盛って、溶きがらしを添える。

Q&A 豚バラ肉以外でも作れるの？

ロース肉や脂肪のないヒレ肉は不向きですが、赤身と脂肪が層になっている肩ロースなら作れます。長時間じっくり煮込む料理なので、脂肪が層になっているほうが身が縮まずに、やわらか〜く仕上がります。

まず、きのこを炒めて
おいしい“エキス”を引き出します
昆布だしを使うのも味よく作るワザ！

献立のヒント

すき焼きに合う副菜は…

かぶのゆずこしょうあえ

きゅうりと桜えびの炒めもの

甘辛味のすき焼きには、ピリッと辛い味と風味のいい副菜が新鮮です。これは歯ごたえもバツグン！

すき焼き

材料と煮汁を準備したら、あとは順に加えるだけ！で簡単。

40分

材料の切り方は

＊長ねぎの斜め切り→172ページ

材料（4人分）

牛肉すき焼き用		400～600g
生しいたけ		8個
エリンギ		2本
焼き豆腐		1～2丁
長ねぎ		2本
春菊		1束
しらたき		1玉
A	酒	1カップ
	みりん	½カップ
	しょうゆ	½カップ
	砂糖	大さじ2
B	昆布	20㎝長さ1枚
	水	2～3カップ
卵		4個
ごま油		大さじ2

1 下準備

生しいたけは石づきをとって半分に切る。エリンギは縦に4～5㎜厚さに切る。

焼き豆腐は6等分に切り、長ねぎは2㎝厚さの斜め切りにする。春菊はやわらかい葉先を使う。

しらたきは熱湯で1～2分ゆで、水けをきってざく切りにする。

2 煮汁を作る

小鍋にAを合わせて中火にかけ、3～4分煮立たせて火を止める。

3 昆布だしを作る

ボウルにBの水を入れて昆布をつけ、1～2時間置いて昆布のうまみを引き出す。

4 炒める

すき焼き用の鍋かフライパンにごま油を中火で熱し、生しいたけとエリンギを炒める。ここできのこのだしを十分に出す。

5 煮る

きのこがしんなりしたら煮汁を半量まわし入れて、中火で煮立てる。

続いて牛肉、しらたき、豆腐、長ねぎを加え、昆布だしを半量注ぎ入れる。

中火で3～4分煮たら春菊を加え、ひと煮立ちさせて溶いた卵につけていただく。味が薄まったら煮汁を、煮つまったら昆布だしを足して、残りの具も同様に煮る。

Q&A おいしい煮汁を残さず食べきるには？

肉やきのこ、野菜のうまみが出ている煮汁をおいしくいただくには、うどんが一番。ゆでうどんをほぐして煮汁に加えて煮、やわらかくなったら卵でとじます。甘辛味がうどんにからんで、いくらでもイケます！

フライパンで焼く塩焼きの新提案
手軽で失敗しないうえ
“コクたっぷり”の味

献立のヒント

きんぴらごぼう

小松菜と油揚げのサッと煮

あじの塩焼きに合う副菜は…

シンプルな焼き魚の副菜には、きんぴらのようなしっかりした味を合わせます。煮びたしは汁ものがわりにもなる副菜。

あじの塩焼き

表面に焼き色をつけたら ふたをして15～20分焼きます。

45分

材料（4人分）

あじ……4尾
塩……小さじ$\frac{1}{2}$
サラダ油……大さじ1

材料の下ごしらえは

＊あじの下ごしらえ→175ページ

下準備 1

あじはゼイゴと内臓をとり、水洗いしてよくふく。フライパンが小さいときは、頭を落としてもいい。全体に塩をふって20分置く。

焼く 2

フライパンにサラダ油を熱し、全体に広げる。油がないと焦げつきやすく、皮が破れてしまうので必ず入れて。

あじを2尾ずつ互い違いに並べ入れ、強火で焼き色をつける。盛りつけたときに上になる面（頭が左、腹が手前）から焼き始めて。

表面がこんがりと色よく焼けたら、裏返す。皮を傷つけないよう、フライ返しなどでていねいに。

焼く

ふたをして15～20分、弱火で焼く。これで中まで火が通る。

焼き上がり。ふたをすることで蒸し焼き状態になり、身がふっくらする。皿に青じそを敷き、頭を左にして盛る。すだちや大根おろしを添えて。

Q&A

オーブンでも焼けますか？

オーブンなら、1回で家族分が焼けます。天板にオーブンペーパーを敷き、塩をふったあじを交互に並べ、尾と腹ビレには塩をつけます。尾の下に大根などを敷くと、焦げつき防止になります。200度で15～20分焼けば完成。

フライパンでサッと焼いて
“ジューッと”たれをからめるだけ
焼く前にまぶした粉で、味のからみも上々！

献立のヒント

にんじんと
みつばの卵とじ

長いもの梅あえ

いわしのかば焼きに
合う副菜は…

甘辛味のかば焼きには、淡泊な味の煮もの、シンプルなあえものでバランスをとります。野菜もたっぷり補えます。

いわしのかば焼き

いわしに粉をたっぷりめにまぶしてたれを十分に吸わせます。

30分

材料(4人分)

いわし	小8尾
塩	少々
酒	大さじ1
小麦粉	大さじ1～2
みりん	大さじ3
しょうゆ	大さじ2
サラダ油	大さじ2

材料の下ごしらえは

＊いわしの手開き→174ページ

1 下準備

いわしは頭を落として内臓を取り除き、よく水洗いして水けをふく。手開きにしてから包丁で腹骨をそぎ落とし、塩と酒をふる。

茶こしなどで小麦粉を全体にふる。いわしの皮のほうからふり、裏返して身にも同様にふる。

ボウルにみりん、しょうゆを合わせて混ぜ、たれを作る。あらかじめ作っておくと、調理がスムーズに運ぶ。

2 焼く

フライパンにサラダ油大さじ1を中火で熱し、いわしの身のほうを下にして並べ、中火で2分くらい焼く。1回に焼くのは4尾までに。

うっすらと焼き色がついたら裏返し、さらに1～2分焼く。

焼く

いわしから脂が出てくるので、小さくたたんだキッチンペーパーでふきとる。これで脂っぽさがなくなり、たれの味がしっかりからむ。

3 味つけ

たれの半量をいわしにまわしかけ、フライパンを揺すって行き渡らせる。

いわしを裏返し、身のほうにもたれを十分にからめながら火を通す。

もう一度返してたれをからめ、おいしそうな照りが出てきたら完成。残りの4尾も同様に作って皿に盛る。木の芽をあしらったり、粉山椒をふってもおいしい。

Q&A いわしをたくさん買ってしまったら?

ぜひ、冷凍保存を。まず頭と内臓を取り除き、水洗いしてから1尾ずつラップで包み、さらにファスナー式保存袋へ。解凍は冷蔵庫で自然解凍がベスト。そのまま煮ものに、手開きにして焼きもの・揚げものに使えます。

煮汁を煮立てたら“入れっぱなし”で15分!
梅干しとしょうががあれば、本当に簡単です

献立のヒント

いんげんの
ごまあえ

れんこんの
きんぴら

いわしの梅煮に
合う副菜は…

野菜が足りないので、緑黄色野菜と淡色野菜の単品を。3品の中で煮る、あえる、炒めると調理法にも変化をつけます。

いわしの梅煮

煮汁が煮立ってからいわしを入れ、ふたを少し開けて煮ます。

30分

材料の切り方は

＊しょうがの薄切り→173ページ
＊いわしの下ごしらえ→174ページ

材料（4人分）

	いわし	小8尾
	梅干し	4個
	しょうが	1かけ
A	しょうゆ	1/4カップ
A	酒	1/4カップ
A	砂糖	大さじ2
A	水	1カップ

1 下準備

いわしは頭を落として内臓を取り除き、水洗いして水けをよくふく。しょうがは薄切りにする。

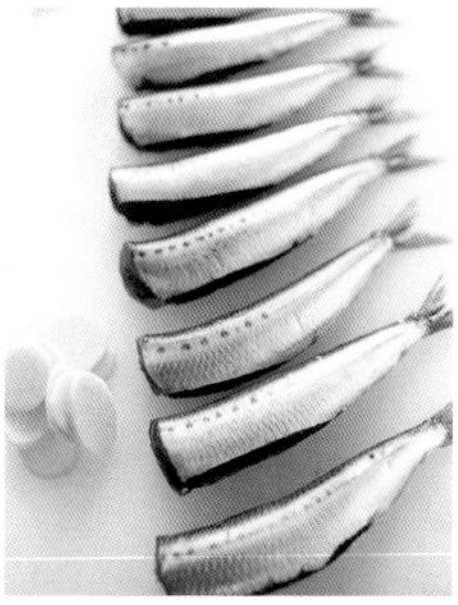

2 煮汁を作る

フライパンに梅干しとしょうがを入れ、**A**を合わせて注ぎ入れ、中火にかける。

3 煮る

煮汁が煮立ったら、いわしを互い違いになるように並べ入れる。

水でぬらしたキッチンペーパーをかぶせる。ペーパーは材料に密着させるようにするのがコツ。

煮る

ふたを少しだけずらしてかぶせ、中火で煮る。ふたを少し開けることで、生臭さが鍋にこもらない。煮立ったら弱火にして15分煮る。

いわしがプリッとなり、煮汁が半量くらいになったら完成。皿に梅干し、しょうがと一緒に盛る。

Q&A

いわしを骨ごと食べるには？

煮汁に1/3カップ程度の酢を加えて煮てみてください。小さめのいわしならやわらかく煮え、骨まで食べられるはず。酸味は煮ているうちにほとんどとびますが、さっぱり味になってまた違ったおいしさです。

塩焼きばかりでなく、ぜひレパートリーに！
粉はごく薄〜くまぶして
“カリッ”と焼き上げます

献立のヒント

さけの和風ムニエルに合う副菜は…

即席長いも汁

なすとピーマンのなべしぎ

メインがあっさりしたしょうゆ味なので、濃いめのみそ味でメリハリをつけます。汁もので野菜をたっぷりとって。

さけの和風ムニエル

小麦粉は余分を払い落とします。焼き油にはごま油をプラスして風味よく。

40分

材料（4人分）

生ざけ	4切れ（500～600g）
薄口しょうゆ	大さじ1
酒	大さじ1/2
小麦粉	大さじ2
しょうゆ	小さじ1～2
ごま油	小さじ2
サラダ油	小さじ2

1 下準備

さけは身の真ん中あたりを指でさわってみて、大きな骨があったら毛抜きで抜く。そのままにしておくと、焼いたときに身割れの原因になる。

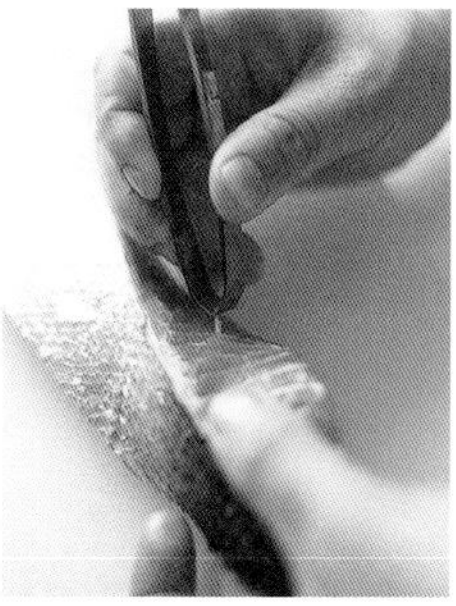

バットに並べ、薄口しょうゆと酒をかけ、両面にからめて15～20分置く。

2 粉をまぶす

さけの水けをキッチンペーパーで軽くふき、茶こしで小麦粉を全体にふる。裏返して同様にふる。

手で余分な粉を払い落とし、ごく薄いころもにする。

3 焼く

フライパンにごま油とサラダ油を熱し、さけの皮のほうを下にして並べる。中火で2分、裏返して2分焼き、弱火にしてさらに3～4分焼いて中まで火を通す。

小さくたたんだキッチンペーパーで、さけからしみ出た余分な脂をふきとる。

4 仕上げ

強火にしてしょうゆをまわし入れ、フライパンを傾けて全体に行き渡らせる。いい香りがしたら火を止め、青じそ、レモン、大根おろしと盛る。

Q&A ほかにどんな魚で作れるの？

かじきやさわらなど、淡泊な味の白身魚は、ムニエルにするとコクが出ておいしくなります。また、おなじみのいわしやあじを使ってもOK。一尾魚を焼く場合は、火が通りやすいように、ふたをして蒸し焼きにするのがコツ。

きんめの煮つけ

煮くずれる、生臭くなる…
こんな失敗は今日でストップ！
コツは“グラグラ”した煮汁に魚を加えること。

35分

材料（4人分）

きんめだい…………4切れ
れんこん…………1節（150g）
しょうが…………1かけ

A
- 水…………1カップ
- 砂糖…………大さじ2〜3
- しょうゆ…………1/4カップ
- みりん…………1/4カップ

材料の切り方は

＊れんこんの斜め切り→172ページ
＊しょうがのせん切り→172ページ

1 切る

れんこんは縦4つ割りにしてから、1㎝厚さの斜め切りにし、しょうがはせん切りに。ともに水にさらす。

2 煮る

フライパンに**A**を合わせて中火にかける。煮立ってきたら、水けをきったれんこんを加え、中火で2分煮る。

れんこんを端に寄せ、煮立っている煮汁の中にきんめを並べ入れ、煮立てる。魚は皮側（盛りつけたとき表になる面）を上にして入れる。

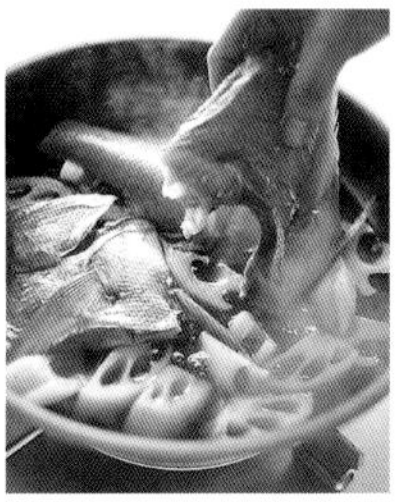

水でぬらしたキッチンペーパーを材料にかぶせ、魚のにおいがこもらないように、ふたを少しずらしてかける。弱火にし、さらに15分煮る。

3 仕上げ

煮汁が少なくなったら、しょうがを散らして火を止める。きんめをくずさないよう皿に盛り、れんこんを添えて煮汁をかけ、しょうがをのせる。

材料違いでもう2品!

あじの煮つけ

一尾魚を煮るときのポイントは
形のまますっぽり入るフライパン!

材料(4人分)

- あじ……4尾
- ごぼう……1本
- A
  - 水……1カップ
  - 砂糖……大さじ2～3
  - しょうゆ……¼カップ
  - みりん……¼カップ

作り方

1 あじはゼイゴと内臓をとり、洗って水けをふく(175ページ)。盛りつけたとき上になる面に、切り目を入れる。
2 ごぼうは5cm長さに切ってから縦4つ割りにし、水にさらす。
3 フライパンに**A**を合わせて中火で煮立て、水けをきったごぼうを入れて2分煮る。
4 ごぼうを端に寄せ、煮立っている煮汁の中にあじの切り目を上にして、互い違いになるように並べる。
5 ぬらしたキッチンペーパーをかぶせて、ふたをずらしてかけ、弱火で15分煮る。

かれいの煮つけ

弱火でやさしく煮ると
見た目も味含みも格別に。

材料(4人分)

- かれい……4切れ
- 長ねぎ……2本
- しょうが……1かけ
- A
  - 水……1カップ
  - 砂糖……大さじ1～2
  - しょうゆ……¼カップ
  - みりん……¼カップ

作り方

1 長ねぎは3～4cm長さに切り、しょうがは薄切りにする。
2 フライパンに**A**を合わせ、しょうがも加えて中火で煮立てる。
3 煮立った煮汁に、かれいの皮側を上にして並べ入れ、長ねぎも加えて中火で再び煮立てる。
4 水でぬらしたキッチンペーパーをかぶせて、ふたを少しずらしてかけ、弱火にして15分煮る。
5 魚をくずさないよう皿に盛り、長ねぎとしょうがを添えて煮汁をかける。

さっくり、カラッと揚げるには“粉が残る程度”にころもを混ぜること！軽～いおいしさに大感激です

献立のヒント

ゴーヤスライス

なすのみそ炒め

いわしの梅しそ揚げに合う副菜は…

あっさり味の揚げものには、こっくりしたみそ味と苦みが効いた副菜を合わせて、味に変化をつけます。

いわしの梅しそ揚げ

具をクルリと巻いたら 180度の油で5～6分揚げます。

45分

材料（4人分）

- いわし……6～8尾
- 梅干し……4個
- 酒……小さじ1～2
- 青じそ……12～16枚
- 小麦粉……2/3カップ
- 水……2/3カップ
- 揚げ油……適量

材料の切り方・油の温度は

＊いわしの手開き→174ページ
＊揚げ油の温度→171ページ

1 下準備

いわしは手開きにして尾を切り取り、縦半分に切る。いわしの身はやわらかいので、手で簡単に開ける。

梅干しは種をとり、果肉を包丁で粗くたたく。

ボウルに梅干しを入れ、酒を加えて溶きのばす。

2 巻く

いわしの身のほうに梅をスプーンでぬる。びっしりぬらずに、ところどころでOK。

さらに青じそを1枚ずつのせて、頭のほうからクルリと巻き、ようじでとめる。

3 ころもつけ

ボウルに小麦粉と分量の水を合わせて、粉が少し残るくらいにさっくりと混ぜる。

ようじの部分を持っていわしにころもをつける。ようじが抜けないように気をつけて。

4 揚げる

フライパンに2～3cmの深さまで油を入れ、180度（高温）に熱していわしを揚げる。ころもがカリッとしてきたら裏返し、5～6分揚げる。

Q&A 中に巻く具はどんなものが合う？

いわしと相性のいい具はみそと明太子。どちらも魚の臭みをやわらげて、風味を引き立ててくれます。いわし6～8尾に対してみそは大さじ1、明太子は1/2腹を。梅のかわりにぬるだけで作り方は同じです。

身をたたくのは“50回程度”に！
やわらかく揚がった中からうまみがジワ〜ッ

献立のヒント

酢れんこん

小松菜の煮びたし

いわしのつみれ揚げに合う副菜は…

揚げものにはさっぱりした副菜がベスト。煮びたしと酸味の効いたれんこんで、あと味をすっきりさせます。

いわしの つみれ揚げ

タネを大きめに丸めて 転がしながら色よく揚げて！

60分

材料（4人分）

いわし	6～8尾（正味400g）
ごぼう	1/2本
しょうが	1/2かけ
長ねぎ	1/2本
万能ねぎ	10本
大根	1/2本
A みそ	大さじ1
A 小麦粉	大さじ2
A 塩	小さじ1/4
揚げ油	適量

材料の切り方・油の温度は

＊長ねぎの粗みじん切り→172ページ　＊万能ねぎの小口切り→172ページ
＊いわしの手開き→174ページ　＊揚げ油の温度→171ページ

1 下準備

ごぼうは包丁の背で皮をこそげとり、ささがきにして水にさらす。ささがきにするときは、ごぼうをまわしながらピーラーで薄く削ると簡単。

しょうがはすりおろし、長ねぎは粗みじん切りにする。

万能ねぎは小口切りにし、大根は皮をむいてすりおろす。

いわしは手開きにし、尾を切り落として縦半分に切る。

いわしを斜め細切りにしてから、50回くらい包丁でたたく。たたきすぎると食感がなくなるので、少し粗さが残る程度にする。

2 タネを作る

ボウルにいわしとしょうが、長ねぎ、**A**を合わせ、よく混ぜる。

万能ねぎと水けをきったごぼうも加え、まんべんなく混ぜる。

3 丸める

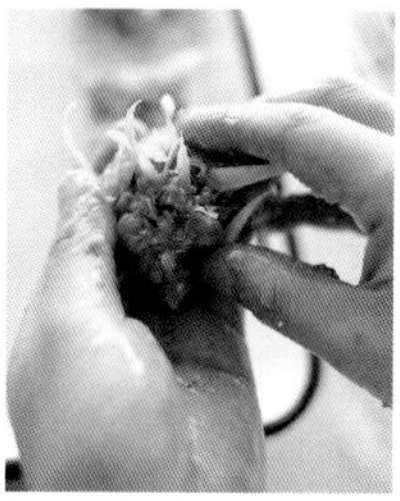

手にサラダ油少々（分量外）をつけ、タネを直径3～4㎝大に丸めていく。ごぼうはツンツン飛び出してもいい。

4 揚げる

揚げ油を180度（高温）に熱して、タネを1個ずつ入れる。全体がきつね色になるまで、転がしながら6～7分揚げ、油をきって皿に盛る。大根おろしを添えて。

Q&A ごぼう以外でも相性のいい野菜はある？

れんこんや長いもなど、歯ごたえのいい野菜が合います。どちらも10㎝くらいを5㎜角に切り、長いもはそのままで、れんこんは水にさらしてから使います。あとは同様に作って。シャキシャキ、サクサクが最高です。

いかは先にゆでておくと
臭みも色も抜けます
あとは“コトコト”煮るだけ！

献立のヒント

春菊のごまあえ

白菜の浅漬け

いかと里いもの煮ものに
合う副菜は…

1品はコクのあるあえものにし、もう1品はあっさりと。
どちらも野菜の単品で、煮ている間に作れます。

いかと里いもの煮もの

里いもは先にレンジで加熱します。いかはゆでこぼして下処理を！

90分

材料（4人分）

いか…………2はい（500g）
里いも
……8～10個（500～600g）
A
- みりん………1/4カップ
- しょうゆ………1/4カップ
- 水……………1カップ

材料の切り方は

＊里いもの一口大→173ページ
＊いかの下ごしらえ→176ページ

1 下準備

里いもは1個ずつラップで包み、電子レンジのターンテーブルの周囲に等間隔に並べ、3～4分加熱する。

里いもの皮を包丁でむき、一口大に切る。

いかは胴からワタと軟骨を取り除き、足はくちばしを除いて2本ずつに切り分ける。胴は1.5cm幅の輪切りにし、ミミは一口大に切る。

鍋にいかを入れ、かぶるくらいの水を注いで中火にかける。

煮立ったら、ざるに上げて湯をきる。これで、いかの臭みと皮の赤い色が適度に抜け、煮汁がきれいに仕上がる。

2 煮る

鍋にいかを戻して里いもを加え、**A**を注いで中火にかける。

煮立ってアクが浮いてきたら、ていねいに取り除き、弱火にする。

水でぬらしたキッチンペーパーを、材料に密着させるようにかぶせる。

ふたを少しずらしてかぶせ、30～40分弱火でコトコト煮る。

煮汁が底のほうに少し残るくらいになり、いかがやわらかくなったら煮上がり。

Q&A どんないかを使えばいいの？

ここではするめいかを使っていますが、ひとまわり小さいやりいかでも。煮ものにする場合は、このような筒状の形のいかが適しています。固い甲羅のあるいかは、煮ものにはあまり使いません。

さばの竜田揚げ

**カリッとジューシーに揚げるため
下味は“しっかりめ”に！
焦げやすいので強火は厳禁です。**

35分

材料（4人分）

さば（二枚おろし）	2切れ
ししとう	12本
A しょうゆ	大さじ2
A 酒	大さじ1
A 砂糖	大さじ1
A しょうが汁	小さじ2
片栗粉	½カップ
揚げ油	適量

材料の切り方・油の温度は

＊さばの二枚おろし→175ページ
＊揚げ油の温度→171ページ

1 切り目を入れる

ししとうは、包丁の先で縦に少し切り目を入れる。こうしておくと、揚げたときに破裂しない。

2 切る

さばは包丁を斜めに入れて、2～3㎝幅のそぎ切りにし、バットに並べておく。

3 下味つけ

Aを混ぜ合わせ、さばにまわしかけて10分置く。

4 粉をつける

さばの水けをキッチンペーパーでふき、全体に片栗粉をまぶす。余分な粉は払っておく。

5 揚げる

フライパンに油を入れて170度（中温）に熱し、さばを4～5分かけてカリッと揚げる。ししとうは素揚げにし、一緒に皿に盛る。

材料違いでもう2品！

鶏肉の竜田揚げ

“低めの油でゆっくり揚げる”
これがパリッと作るコツです。

材料（4人分）

鶏もも肉……2枚
A
- しょうゆ……大さじ2
- 酒……大さじ1
- 砂糖……大さじ1
- しょうが汁……小さじ2

片栗粉……$\frac{1}{2}$カップ
ピーマン……3個
赤ピーマン……1個
揚げ油……適量

作り方

1 鶏肉は白いすじを数か所切り、厚みを包丁で切り開く。さらに皮面にフォークで穴をあけ、大きめの一口大に切る。
2 鶏肉をバットに並べ、**A**を合わせたものを全体にからめ、そのまま30分置く。
3 2の水けをキッチンペーパーでふき、全体に片栗粉をまぶす。
4 フライパンに油を入れて170度（中温）に熱し、3を1つずつ入れて、5～6分かけてきつね色に揚げる。
5 ピーマンは乱切りにして素揚げにし、鶏肉とともに皿に盛る。

さけの竜田揚げ

やわらかくて、ふっくら！
下味のおかげで魚臭さもなし。

材料（4人分）

生ざけ……3～4切れ
さやいんげん……12本
A
- しょうゆ……大さじ2
- 酒……大さじ1
- 砂糖……大さじ1
- しょうが汁……小さじ2

片栗粉……$\frac{1}{2}$カップ
揚げ油……適量

作り方

1 さけは3～4つのそぎ切りにする。さやいんげんは3～4㎝長さに切る。
2 さけをバットに並べ、**A**を合わせたものを全体にからめ、そのまま10分置く。
3 2の水けをキッチンペーパーでふき、全体に片栗粉をまぶす。
4 フライパンに油を入れて170度（中温）に熱し、3を1つずつ入れる。ときどき箸で混ぜながら、4～5分かけて表面がカリッとなるまで揚げる。
5 続いてさやいんげんを素揚げにし、さけとともに皿に盛る。

煮る時間は短いのに、味が“じんわり”
大根を焼きつけているから
香ばしさとコクがひとときわ！

献立のヒント

オクラ納豆

きゅうりの梅あえ

ぶり大根に
合う副菜は…

食べごたえと味にパンチがあるメインなので、シンプルな副菜が合います。たんぱく質と緑黄色野菜の補給を。

ぶり大根

大根を焼きつけてから調味料を直接からめます。

50分

材料（4人分）

ぶり	4切れ（500～600g）
大根	小1本（800g）
砂糖	大さじ2
しょうゆ	$\frac{1}{3}$カップ
酒	大さじ1
水	1カップ
サラダ油	大さじ1

材料の切り方は

＊大根の輪切り→172ページ

1 下準備

大根は1.5～2㎝厚さの輪切りにする。

ぶりはそれぞれ2～3つに切り分け、ざるにのせてたっぷりと熱湯をまわしかける。これで臭みが抜ける。

ボウルに砂糖、しょうゆ、酒を合わせて混ぜ、調味液を作っておく。

2 焼きつける

フライパンにサラダ油を熱し、強火で大根を焼きつける。こんがりと焼き色がついたら、裏返して同様に焼く。トングを使うと作業がやりやすい。

3 味つけ

両面にいい焼き色がついたら、合わせておいた調味液をまわしかける。

味つけ

トングで大根を裏返し、調味料をよくからめる。

4 煮る

大根の表面が茶色くなり、いい照りが出てきたら、分量の水を注いで中火で煮る。

煮立ったらアクを取り除き、ぶりを加える。

水でぬらしたキッチンペーパーをかぶせ、ふたをずらしてのせたら、弱火で20分煮る。

煮汁が底のほうに少し残るくらいになり、大根がやわらかくなったらできあがり。

Q&A **ぶりのあらを使うときも作り方は同じ？**

あらはいいだしが出るし、安く手に入ることが多いので利用したいもの。作り方は同じですが、下ごしらえにひと手間必要です。熱湯をかけたら一度水につけ、血の汚れなどをていねいに取り除いて、最後に流水で洗います。

丸ごと食べるには低めの油で
“じっくり”揚げます
揚げたてをすぐたれに漬けて！

献立のヒント

小あじの南蛮漬けに
合う副菜は…

レタスなめたけ

ニラの卵とじ

揚げものにはさっぱり系の副菜がほしいので、サラダ風のあえものを。もう１品は卵とじにして食感を変えてみて。

小あじの南蛮漬け

**野菜は最初にたれに漬けて
うまみをしみ出させます。**

30分

材料の切り方・油の温度は

＊玉ねぎの薄切り→173ページ　＊赤ピーマンのせん切り→172ページ
＊小あじの下ごしらえ→175ページ　＊揚げ油の温度→171ページ

材料(4人分)

小あじ		400～500g
玉ねぎ		1個
赤ピーマン		1個
A	しょうゆ	1/4カップ
	みりん	1/4カップ
	酢	1/4カップ
	水	1/4カップ
	一味唐辛子	少々
	ごま油	大さじ1/2
片栗粉		1/3カップ
揚げ油		適量

1 下準備

玉ねぎは縦半分に切り、繊維に沿って薄切りにする。赤ピーマンはせん切りにする。

バットにAを合わせて混ぜ、野菜を漬け込む(南蛮だれ)。酢を使っているので、バットはほうろうまたはガラス製のものを使って。

2 粉をまぶす

小あじは腹に切り目を入れて内臓を取り除き、よく水洗いして水けをふく。全体に片栗粉をまぶす。

3 揚げる

フライパンに2～3cmの深さまで油を入れ、170度(中温)に熱して小あじを揚げる。

揚げる

ときどき箸で混ぜながら、7～8分かけてじっくり揚げる。これで丸ごと食べられる。

ころもが白っぽく固まり、小あじがカリッとなったらバットに上げ、油をきる。

4 漬ける

すぐに南蛮だれに入れてひと混ぜし、調味液をなじませる。熱いほうが味がしみ込むので、手早く。

途中で上下を返して20～30分漬け、調味液と一緒に器に盛る。漬けてすぐにいただいても、また違った味わいでおいしい。

Q&A 作り置きはできますか？

酢を使った料理は日持ちするので、このおかずも冷蔵庫で4～5日はOK。だんだん味がしみるので、最後までおいしく食べられます。金属の容器だと金けが出て味が変わるので、ガラスかほうろうの密閉容器を使って。

“少ない煮汁で煮る”“ふたをして煮る”
これさえ守れば、形よくほっくりできますよ

献立のヒント

肉かぼちゃに
合う副菜は…

けんちん汁

ちくわと青菜の
炒めもの

甘辛味のメインには、ほっとする汁ものと塩味の炒めものを。根菜や緑黄色野菜がたっぷりとれてヘルシーです。

肉かぼちゃ

皮をところどころむくと煮くずれせず、味がよくしみます。

35分

材料の切り方は

＊玉ねぎのくし形切り→173ページ

材料（4人分）

かぼちゃ		$1/4$個（400g）
玉ねぎ		1個（200g）
牛薄切り肉		200g
	しょうゆ	小さじ2
	砂糖	小さじ2
A	水	$2/3$カップ
A	しょうゆ	大さじ3
A	砂糖	大さじ3
サラダ油		大さじ2

1 下準備

かぼちゃはスプーンで種とワタを取り除き、皮をところどころむいて3㎝角に切る。玉ねぎは縦半分に切り、1.5㎝幅のくし形に切る。

牛肉は5㎝長さに切り、しょうゆと砂糖をふってよくからめる。**A**は混ぜ合わせておく。

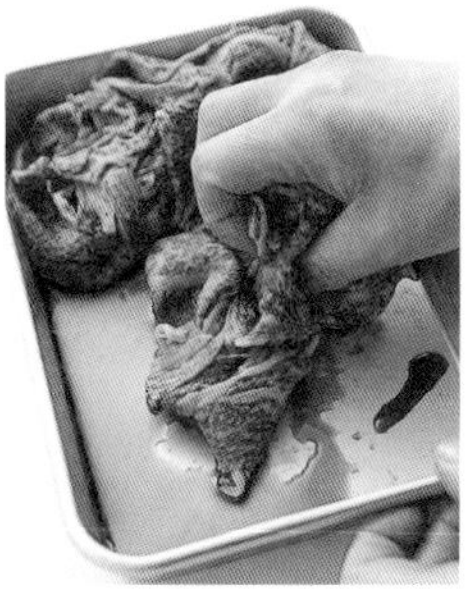

2 炒める

鍋にサラダ油を中火で熱し、玉ねぎ、かぼちゃの順に入れて炒める。

全体に油がまわったら牛肉を加えて炒め、肉の色が半分くらい変わったら、木べらで平らにする。かぼちゃが煮汁にまんべんなくつかる。

3 煮る

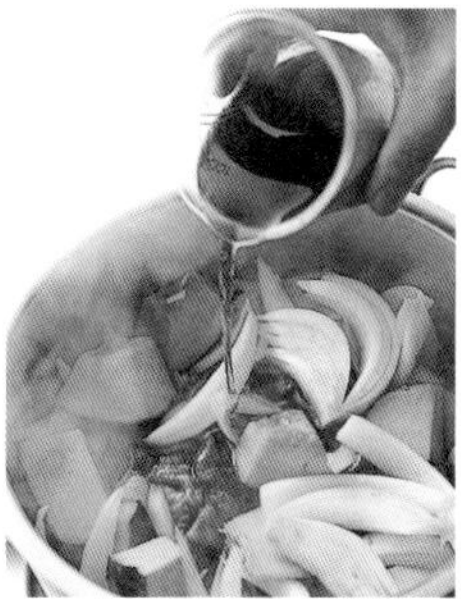

Aをまわし入れて強火にし、煮立ったらアクをていねいに取り除く。

弱火にして、水でぬらしたキッチンペーパーをかぶせる。これで、途中で上下を返さなくてもすむ。

さらにふたをして、弱火で15分煮る。

4 蒸らす

ふたをしたまま10分蒸らし、木べらでそっと上下を返して味をなじませる。

Q&A かぼちゃの栄養は？

かぼちゃの旬は6～9月。果肉がほくほくした西洋かぼちゃが主流で、皮、果肉ともにカロテンがたくさん含まれています。ビタミンCも豊富で、加熱しても壊れないのが特徴。ビタミンEの量は野菜ではトップクラス。

じゃがいもは“熱いうち”につぶして
マヨネーズを混ぜます
これで味がよくなじんで、おいしさが段違い！

献立のヒント

ひじきの煮もの

トマトサラダ

明太コロッケに
合う副菜は…

トマトで揚げもののあと味をさっぱりさせ、ひじきの煮もので甘みをプラスして、ほっとする献立にします。

明太コロッケ

**たらこは小さくちぎって
プチプチの食感を楽しみます。**

50分

材料の切り方・油の温度は

＊じゃがいもの角切り→173ページ
＊万能ねぎの小口切り→172ページ
＊揚げ油の温度→171ページ

材料（4人分）

- じゃがいも……中4〜5個（500g）
- 水……4カップ
- 塩……小さじ½
- マヨネーズ……大さじ2
- 明太子……1腹（80g）
- 万能ねぎ……10本
- ┌ 小麦粉……大さじ3
- │ 卵……2個
- └ パン粉……1カップ
- 揚げ油……適量

1 下準備

じゃがいもは皮をむいて正味400gにし、2㎝角に切る。

2 タネを作る

鍋に分量の水と塩を入れて強火で煮立て、じゃがいもを加えて中火で10分ゆでる。竹串を刺してみて、スッと通ったらゆで上がり。

じゃがいもの湯を捨ててボウルに移し、熱いうちにマッシャーなどでよくつぶす。あら熱がとれたら、マヨネーズを加えて混ぜる。

小さくちぎった明太子と、小口切りにした万能ねぎを加えて混ぜる。じゃがいもによって水分が少ないものもあるので、固いときは牛乳大さじ2（分量外）を加えて調節を。

3 形作り

タネを8等分にし、それぞれ俵形に整える。

4 ころもつけ

タネに小麦粉をつけてから、溶いた卵にくぐらせ、パン粉を全体にまぶす。手のひらでしっかり押さえてつける。

3 揚げる

鍋に油を入れて180度（高温）に熱し、タネを入れて全体がきつね色になるまで3分揚げる。皿に盛り、長めに切った万能ねぎを添える。

Q&A じゃがいもの旬は？

丸い男爵いもと、長形のメークインがあり、旬は9〜11月。男爵いもを早採りした小粒な新じゃがは、4〜6月が旬。主成分はデンプンですが、意外に低カロリー。ビタミンCが豊富で、加熱しても壊れにくいのが特徴。

大根は皮ごと使って、歯ごたえを残します
表面を焼きつけて“半生状態”にすると
とってもジューシーに！

献立のヒント

いんげんの
ごまあえ

れんこんの
ソースきんぴら

焼き大根とさけの照り煮に
合う副菜は…

こっくり味の照り煮には、風味のいいごまとソース味を合わせて、味に変化を。野菜不足もこれでカバーできます。

焼き大根とさけの照り煮

**さけと大根を焼きつけたら
油をふきとってから、味つけをします。**

材料の切り方は

＊大根の半月切り→173ページ

35分

材料（4人分）

	大根	大½本弱（400g）
	生ざけ	3切れ
┌	塩	少々
└	酒	大さじ1
A	しょうゆ	大さじ3
A	みりん	大さじ3
A	水	大さじ3
	小麦粉	大さじ1
	バター	10g
	青じそ	6枚
	ごま油	大さじ1

1 下準備

大根は皮をよく洗い、皮つきのまま1.5㎝厚さの半月切りにする。

さけはそれぞれ3～4つに切り、全体に塩と酒をふって5分置く。

さけから出た水けをキッチンペーパーでふく。生臭みのもとになるので、きちんとふいて。

ボウルに**A**を合わせて混ぜ、たれを作る。あらかじめ作っておくと、調理がスムーズに運ぶ。

2 粉をまぶす

さけに小麦粉をまんべんなくまぶし、余分な粉を払い落とす。

3 焼く

フライパンにごま油を中火で熱し、さけの皮側（表になるほう）を下にして並べる。

中火で2分焼き、うっすらと焼き色がついたら裏返し、2分焼いて取り出しておく。

続いて大根を並べ入れ、両面を中火で3分ずつ焼いて、こんがりとした焼き色をつける。

4 味つけ

いったん火からはずし、油をキッチンペーパーでサッとふいて、たれをまわし入れる。再び中火にかけて煮立たせ、2～3分煮る。

さけを戻し入れて、スプーンでたれをかけながら照りよくからめる。仕上げにバターを加えて溶かし、皿に盛ってちぎった青じそをのせる。

Q&A 大根はどう使い分けるの？

大根の旬は10～3月。ビタミンCが多く、特に皮の近くに集中しています。デンプンの分解酵素・ジアスターゼが消化吸収を助けます。辛みの強い下半分は炒めものや漬けものに、ほかは甘みがあるので煮ものや生食に最適。

最初に炒めるのはゴーヤ！
油に塩を加えることで
水分とうまみが“流れ出る”のが防げます

献立のヒント

ひじきの煮もの

大根と帆立のサラダ

ゴーヤチャンプルーに
合う副菜は…

主菜がシンプルな味なので、しょうゆとマヨネーズ味を合わせて、こっくりとした味のバリエーションを楽しみます。

ゴーヤ チャンプルー

最後に卵をまわし入れます。半熟状のときに調味するのがコツ。

30分

材料(4人分)

ゴーヤ	1本
焼き豆腐	1丁
豚バラ薄切り肉	100g
卵	2個
塩	適量
しょうゆ	大さじ1
削り節	1カップ
ごま油	大さじ3

1 下準備

ゴーヤは縦半分に切り、スプーンでワタをとる。これをとらないと苦く、歯ざわりも悪い。

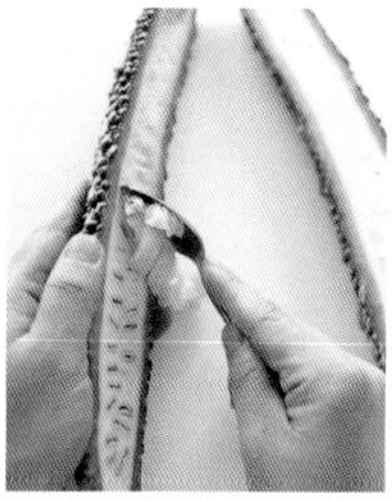

ゴーヤを3㎜厚さに切り、切ったそばから水にさらす。

焼き豆腐は9等分に切り、キッチンペーパーを敷いたバットに並べて水けをきる。

豚肉は2～3㎝長さに切っておく。

ボウルに卵を溶きほぐし、塩ふたつまみを加えてよく混ぜる。

2 炒める

フライパンにごま油を中火で熱し、塩小さじ½を入れる。こうすると、野菜の水分とうまみが保持できる。

まず水けをきったゴーヤを中火で炒め、油がまわったら豚肉を加えて炒め合わせる。

肉に火が通ったら、強火にして豆腐を炒める。焼き豆腐を使うことで、水分があまり出ない。

3 卵を加える

油がまわったら卵液をまわし入れ、木べらで大きく混ぜて半熟状にする。

4 味つけ

しょうゆをまわし入れて手早く味をからめ、半量の削り節を混ぜ込む。皿に盛り、残りの削り節をのせる。

Q&A ゴーヤがないときはどうする?

同じウリ科の仲間、「きゅうり」があればできます。食感も似ているので、ゴーヤの苦みが苦手な方はぜひお試しを。きゅうり3本くらいを縦半分に切り、種をとって3㎝幅に切ったら、あとは同様に作ります。

“プルルン”とふくよかに作るには
卵が半熟のうちにパパッと形作ります
中の具に変化をつけて楽しんで！

献立の
ヒント

かぼちゃの
そぼろあん

大根の
なめたけかけ

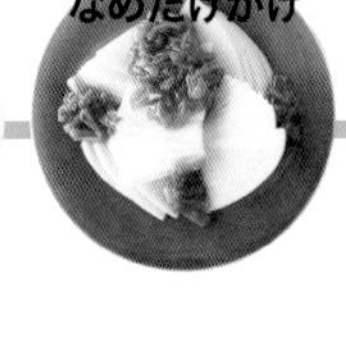

ひき肉入り卵焼きに合う副菜は…

卵焼きに入れるひき肉は少量なので、そぼろあんにして使いきりましょう。副菜で緑黄色野菜と淡色野菜を補います。

ひき肉入り卵焼き

肉そぼろと卵を混ぜたらフライパンで手早く焼き上げます。

20分

材料（4人分）

卵	8個
豚ひき肉	100g
砂糖	小さじ2
しょうゆ	小さじ2
玉ねぎ	$\frac{1}{4}$個
塩	小さじ$\frac{1}{2}$
サラダ油	大さじ1

材料の切り方は

＊玉ねぎのみじん切り→172ページ

下準備 1

玉ねぎはみじん切りにする。ほかに、そぼろ用の豚ひき肉と砂糖、しょうゆも用意。

そぼろを作る 2

小さめのフライパンに、玉ねぎとそぼろの材料を入れてひと混ぜし、中火にかける。

箸3～4本でかき混ぜながら、ポロポロになるまでいり、皿にとってあら熱をとる。

卵液を作る 3

ボウルに卵を溶きほぐし、塩とそぼろを加えてよく混ぜ合わせる。

焼く 4

卵焼きは2回に分けて焼く。まず、フライパンにサラダ油大さじ½を中火で熱し、卵液の半量を一気に流し入れる。

焼く

まわりが固まってきたらスプーンで2～3回大きく混ぜ、ふわふわした半熟状に火を通す。

フライパンの中央に一文字になるように、卵を寄せる。

卵を手前のほうに半分に折り、フライパンの端に寄せる。

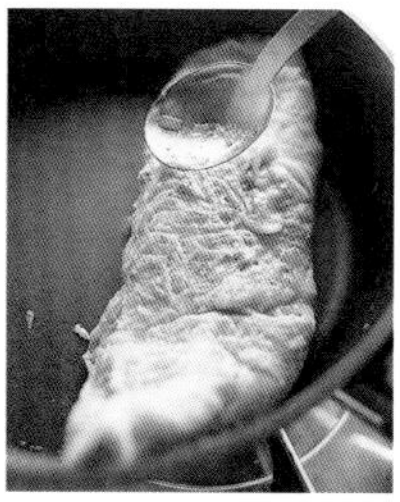

フライパンを揺すって上下を返し、全体に焼き色をつける。多少形がいびつになっても、あとで整えるので気にしないで。

形作る 5

アルミホイルの上にのせて平たく棒状に形を整え、ホイルでぴっちり包む。残りも同様にして作る。あら熱がとれたらホイルをはずし、適宜に切り分ける。

Q&A 健康のため乾物を入れてもいいの？

もどした乾物をそのまま入れても味がないので、切り干し大根やひじきの煮ものなど、すでに味がついているものを加えます。ほかにきんぴらでもOK。使う分量は100ｇで、そぼろのかわりに入れて作ります。

やっと材料にからむくらい
ころもは“少なめに”がベスト！
これでパリッと軽い味わいになります

献立のヒント

レタスの昆布風味

おからの煮もの

かき揚げに
合う副菜は…

低エネルギーのおからで、たんぱく質をカバー。もう１品は手間のかからないレタスの昆布風味でさっぱりと締めくくります。

かき揚げ

材料にころもをまぶしたら木べらにのせて油の中へ入れます。

30分

材料の切り方・油の温度は

＊玉ねぎの薄切り→173ページ
＊揚げ油の温度→171ページ

材料（4人分）

- むきえび……150g
  - 塩……少々
  - 酒……大さじ1
- 玉ねぎ……$\frac{1}{2}$個
- 小松菜……$\frac{1}{3}$束（100g）
  - 小麦粉……$\frac{1}{3}$カップ
  - 片栗粉……$\frac{1}{3}$カップ
  - 卵……1個
  - 水……大さじ3～4
  - めんつゆ（2倍希釈）……$\frac{1}{4}$カップ
  - 水……$\frac{1}{4}$カップ
- 揚げ油……適量

1 下準備

えびは背ワタをとって半分に切り、塩と酒をふって下味をつけておく。えびに塩けがあれば、酒だけにする。

玉ねぎは5㎜厚さの薄切りにし、小松菜は1.5㎝長さに切る。

2 ころも作り

ボウルにえびと玉ねぎ、小松菜を合わせ、小麦粉と片栗粉をふり入れてざっくりと混ぜる。粉が全体に行き渡り、ころもがまとまりやすくなる。

続いて溶きほぐした卵、分量の水を少しずつ加え、さっくり混ぜる。

材料にころもがうっすらとからまって、やっとまとまるぐらいの固さにするのがコツ。

3 揚げる

鍋に油を入れて170度（中温）に熱し、木べらにタネの$\frac{1}{8}$量をのせて平たくまとめる。

木べらを少し斜めに傾けて、箸でそっと押すようにして油の中にすべり込ませる。

材料が広がらないように箸でまわりを押さえ、そのまま30～40秒揚げる。表面が少し固まってきたら箸をはずし、残りも同様にして3～4個ずつ揚げる。

ころもがカリッとしてきたら裏返し、4～5分かけてカラッと揚げる。揚がったものからバットに上げて油をきる。

4 天つゆ作り

めんつゆと分量の水を小鍋に入れ、人肌程度に温める。器に入れてかき揚げに添える。

Q&A かき揚げに向く野菜はほかにありますか？

春菊・モロヘイヤ・みつば・ルッコラのように、香りのいい野菜が合います。小松菜のかわりに使うと、いろんな風味が楽しめますよ。また、えびのほかに桜えびを使うと香ばしく、小柱だと上品な味になります。

つなぎのパン粉は多めに！
形も口あたりも“ふっくら”して
焼き縮みもありません

献立のヒント

ハンバーグに合う副菜は…

にんじんサラダ

きのこの風味焼き

ビタミンやミネラルを補いたいので、カロテンたっぷりのにんじんサラダや、きのこの焼きものを添えて、栄養バランスよく組み合わせます。

ハンバーグ

タネはねっとりするまで 2〜3分手で練ります。

40分

材料の切り方は

＊玉ねぎのみじん切り→172ページ

材料（4人分）

	合びき肉	500g
A	玉ねぎ	小1個
A	バター	小さじ1
A	パン粉	1カップ
A	牛乳	¼カップ
A	卵	1個
A	塩	小さじ⅔
A	コショウ	少々
A	ナツメグ	少々
B	赤ワイン	½カップ
B	トマトケチャップ	大さじ2
B	中濃ソース	大さじ2
B	水	大さじ2
	粒マスタード	小さじ1
	塩・コショウ	各少々
	サラダ油	大さじ1

1 下準備

Aの玉ねぎはみじん切りにし、小さめの耐熱容器に入れる。バターを小さくちぎって入れ、ラップをふんわりかけて電子レンジで約2分加熱して、しんなりさせる。

パン粉に牛乳をまわし入れてよく混ぜ、十分に湿らせる。

2 タネを作る

ボウルに合びき肉とあら熱をとった玉ねぎ、湿らせたパン粉、残りの**A**をすべて合わせる。ナツメグは肉の臭みを消して、風味をよくしてくれる。

手で2〜3分くらいよく練り混ぜる。材料がムラなく混ざり、粘りが出てなめらかになってきたらOK。

タネを¼量とって丸め、手のひらに2〜3回打ちつけて中の空気を抜く。こうすると、焼いている途中で形がくずれない。

タネを作る

だ円にまとめて形をきれいに整える。残りも同様にして、全部で4個作る。

3 焼く

フライパンにサラダ油を中火で熱し、タネを並べて中央を指で少しへこませる。焼くと、中央がふくらんで火が通りにくくなるので、ここでへこませておく。

中火で2分焼き、こんがりしたら裏返して、さらに2分焼く。その後ふたをして、弱火で4〜5分じっくり蒸し焼きにする。焼き上がったら皿に取り出す。

4 ソース作り

フライパンの肉汁に**B**の赤ワインを注いで中火で煮立て、アルコール分をとばす。残りの**B**も加え、木べらで混ぜながら中火で煮つめる。

5 仕上げ

ソースにとろみがついたら火を止め、粒マスタードを加え、塩とコショウで味を調える。これをハンバーグにかけ、クレソンとフライドポテトを添える。

Q&A ほかのひき肉でも作れますか？

豚・鶏・牛、どれでもおいしくできますが、2種を合わせると、相乗効果でうまみが増します。牛と豚を同量ずつ合わせると、赤みがかったきれいな焼き色に。豚と鶏を7：3で合わせるとあっさり味になります。

“とろ～り”としたなめらかさが
ホワイトソースの身上！
レンジなら失敗せずに腕前アップ

献立のヒント

トマトのソース味

焼きなすのマリネ

マカロニグラタンに合う副菜は…

グラタンが焼き上がるまでの時間を利用して、焼くだけ、切るだけのカンタン副菜を合わせます。彩りもごちそうのうち。

マカロニグラタン

まず、材料を炒めてからホワイトソースとあえて！

材料の切り方は

＊玉ねぎの薄切り→173ページ

25分

材料（4人分）

- マカロニ……300g
- 塩……少々
- 玉ねぎ……1個
- 生しいたけ……6個
- むきえび……250g
- 白ワイン……大さじ1
- A
  - バター……50g
  - 小麦粉……大さじ6（50g）
  - 牛乳……2カップ
  - 塩……小さじ1/2
  - コショウ……少々
- 塩……小さじ1/2
- コショウ……少々
- ピザ用チーズ……100g
- パン粉……大さじ4
- パセリのみじん切り……少々
- バター……大さじ1
- サラダ油……大さじ1

1 下準備

玉ねぎは縦半分に切って薄切りにし、生しいたけは石づきを落として5㎜厚さに切る。

えびは背を丸め、竹串で黒い背ワタを引き抜いて、白ワインをふる。

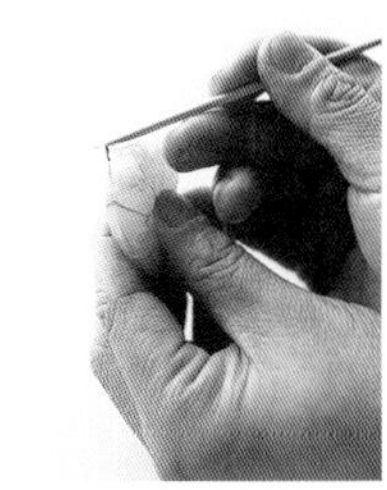

マカロニは塩を加えたたっぷりの熱湯に入れ、表示どおりにゆでる。くっつきやすいので、沸騰するまで箸で混ぜながらゆで、ゆで上がったらざるに上げる。

2 ホワイトソース作り

Aのバターを1㎝角に切って耐熱ボウル（直径20～22㎝）に入れ、全体に小麦粉をふりかける。このまま電子レンジで2分30秒加熱する。

いったん取り出し、泡立て器で一気に混ぜる。粉とバターがなじんだら、牛乳を少しずつ加え、そのつどよく混ぜる。

牛乳が全量入り、ムラなく混ざったら、そのまま電子レンジに入れて、さらに6分加熱。

すぐに取り出して、泡立て器で一気に混ぜる。とろりとしてなめらかになったらできあがり。**A**の塩とコショウで味を調える。

3 具を作る

フライパンにバターとサラダ油を中火で熱し、玉ねぎ、えび、生しいたけの順に炒める。えびが赤くなってプリッとなったら塩とコショウで調味し、火を止める。

炒めた具とマカロニを合わせ、ホワイトソースの2/3量を加えてあえる。

4 仕上げ

グラタン皿に盛り、残りのホワイトソースをかけて、チーズとパン粉、パセリをまんべんなく散らす。これを220～230度のオーブンで、10～15分こんがりと焼く。

Q&A グラタンに使える材料はどんなもの？

クリーミーなホワイトソースとマッチして、チーズの風味を損なわないものがベスト。魚介ならツナ缶やかに缶、帆立缶。肉類は淡泊な鶏もも肉を。ほかにハンバーグでもよく合います。風味の強いものは不向き。

つぶすのも、具とあえるのも
じゃがいもが“あつ～いうちに”がワザ！
ホクホク感&味なじみがダンゼン違う

献立のヒント

なめこ汁

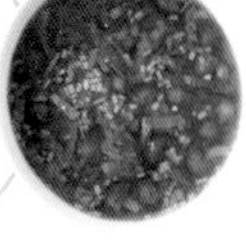

小松菜の
煮びたし

ポテトコロッケに
合う副菜は…

さっぱり味の煮びたしと、のどごしのいいなめこ汁を組み合わせ、エネルギーのとりすぎを防止します。

ポテトコロッケ

**じゃがいもはツブツブが残る程度に！
だ円形にまとめて揚げます。**

45分

材料の切り方・油の温度は

＊じゃがいものいちょう切り→173ページ
＊玉ねぎのみじん切り→172ページ
＊揚げ油の温度→171ページ

材料（4人分）

じゃがいも	6個（正味800g）
塩	小さじ½
バター	大さじ1
玉ねぎ	½個
合びき肉	200g
塩	小さじ½
コショウ	少々
ナツメグ	小さじ⅓
小麦粉	大さじ3
卵	2個
パン粉	2カップ
サラダ油	大さじ1
揚げ油	適量

1 下準備

じゃがいもは2cm厚さのいちょう切りにし、2分くらい水にさらしてアクを抜く。玉ねぎはみじん切りにする。

2 タネを作る

じゃがいもの水けをきって鍋に入れ、ひたひたの水を注いで中火にかける。煮立ったら弱火にして約15分ゆで、竹串がスッと通ったらゆで汁を捨てる。

じゃがいもをボウルに移し、塩とバターを手早くからめて、熱いうちにマッシャーかフォークでつぶす。粗くつぶす程度にして食感を楽しんで。

フライパンにサラダ油を中火で熱し、玉ねぎを油がまわるまで炒める。

合びき肉も加えてさらに炒め、肉の色が変わってポロポロになったら、塩とコショウ、ナツメグをふって、しっかり味をつける。

炒めたひき肉をじゃがいもに加えて、熱いうちにまんべんなく混ぜる。バットに広げ、あら熱がとれるまでさます。

3 ころもつけ

タネを8等分し、1個ずつだ円にまとめる。おむすびをにぎる要領で形作るのがコツ。

タネに小麦粉をムラなくつけ、余分な粉を払い落としてから、溶いた卵にくぐらせる。

続いてパン粉をまぶす。形がくずれないよう気をつけながら、手のひらで押さえてつける。

4 揚げる

フライパンに2～3cmの深さまで油を入れ、170度（中温）に熱して4個ずつ入れる。表裏を2分ずつ揚げ、きつね色になればOK。キャベツやプチトマトと皿に盛る。

Q&A じゃがいも以外でもおいしくできるの？

かぼちゃやさつまいもでもよく、ほんのりした甘さが楽しめます。どちらもじゃがいもと同量用意し、一口大に切って電子レンジでやわらかく加熱します（さつまいもは弱で加熱を）。あとは同様に作って。

カレー粉を“香りよく”炒めることで
市販のルウの味がランクアップ！
隠し味のチョコで深みもしっかり

献立のヒント

ツナキャベツ

ピクルス

カレーライスに
合う副菜は…

スパイシーなカレーには、酸味の効いたピクルスやキャベツのあえものがよく合います。あと味もさっぱりしますよ。

カレーライス

野菜がやわらかくなってから ルウを加えてひと煮します。

40分

材料（4人分）

豚薄切り肉	250g	ローリエ	1枚
玉ねぎ	½個	市販のカレールウ	4人分
じゃがいも	2個	チョコレート	2～3片
にんじん	½本	塩・コショウ	各少々
しょうが	1かけ	ごはん	4人分
にんにく	1片	パセリのみじん切り	適量
カレー粉	小さじ2	バター	大さじ1
水	4～5カップ	サラダ油	大さじ1

材料の切り方は

＊じゃがいも・にんじんのいちょう切り→173ページ
＊しょうが・にんにくのみじん切り→172ページ

1 下準備

豚肉は一口大に切り、玉ねぎは2㎝角に切る。じゃがいもは1㎝厚さのいちょう切りにし、水にさらす。にんじんも5㎜厚さのいちょう切りに。

しょうがとにんにくはみじん切りにする。なるべく細かく切ったほうが、香りが引き立つ。

2 炒める

鍋にバターとサラダ油を入れて熱し、中火でしょうがとにんにくを炒める。香りが出たらカレー粉を加え、さらに香りよく炒める。

続いて玉ねぎ、じゃがいも、豚肉、にんじんの順に炒める。

3 煮る

全体に油がまわったら、分量の水を加えて強火にし、煮立ったらアクを取り除く。

4 煮る

料理に香りをつけるローリエを加え、弱火で10分煮る。

ルウを加える

材料がやわらかくなったら、ルウを入れて弱火で煮溶かす。ルウは薄く切って入れると、焦げついたり、ダマにならない。できれば2種類以上をミックスして。

隠し味にチョコレートを加えると、まろやかな味に仕上がる。ブラックタイプがおすすめ。

木べらで鍋底から全体を混ぜ、塩とコショウで味を調える。

5 できあがり

とろりとしたとろみがついたら、できあがり。皿にごはんを盛ってパセリを散らし、カレーをかける。紅しょうがやピクルスなどと一緒にどうぞ。

Q&A ひと味おいしくする隠し味は？

チョコのかわりに、インスタントコーヒーを粉末のまま小さじ1入れると、味が引き締まります。また、マーマレード½カップ、バナナ1本、パパイア¼個など、どれかひとつを加えると、甘みとコクが出ます。

太い部分を先に入れて“ひと呼吸”あとは全体を揚げるとえびがプリップリ！

献立のヒント

れんこんのきんぴら

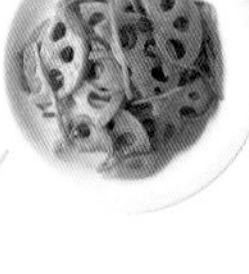

キャベツの塩もみ

えびフライに合う副菜は…

主菜が洋風なので、副菜は和風にして味に変化をつけます。シンプルな塩もみやきんぴらで歯ごたえよく。

えびフライ

腹に切り込みを入れるとまっすぐに仕上がります。

35分

材料の切り方・油の温度は

＊玉ねぎのみじん切り→172ページ
＊えびの下ごしらえ→176ページ
＊揚げ油の温度→171ページ

材料（4人分）

- えび（殻つき）……大12尾
- 帆立貝柱……4個
- 塩・コショウ……各少々
- A
  - ゆで卵……1個
  - 玉ねぎのみじん切り……大さじ1
  - パセリのみじん切り……大さじ1/2
  - マヨネーズ……1/3カップ
  - レモン汁……小さじ2〜3
- 小麦粉……大さじ3
- 卵……2個
- パン粉……2カップ
- 揚げ油……適量

1 下準備

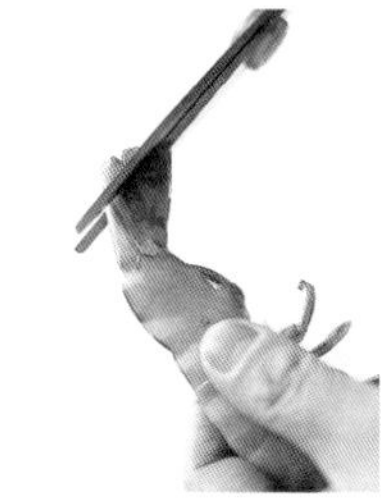

えびは尾の中に水がたまっているので、キッチンばさみで尾先とけん先を切る。

包丁の刃先で尾とけん先をしごいて中の水を出す。こうしておくと、揚げたときに油がはねない。そのあと尾を残して殻をむく。

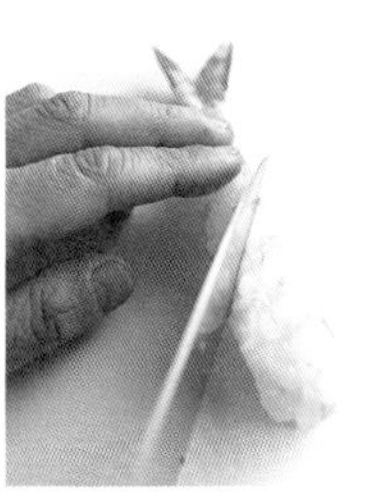

えびの腹側に斜めに3〜4本切り込みを入れ、手でまっすぐのばす。これで曲がらずに、形よく揚がる。

帆立貝柱は厚みを半分に切る。小さい場合は、そのままでもいい。

2 下味つけ

えびと帆立に、塩とコショウを軽めにふる。15〜20㎝くらいの高さからふると、まんべんなく下味がつく。

3 タルタルソース作り

まず材料の準備を。ゆで卵は殻をむいて粗みじんに切り、玉ねぎはみじん切りにしたものを用意。パセリもみじんに切って水けをよくふく。

ボウルにゆで卵と玉ねぎ、パセリ、マヨネーズ、レモン汁を合わせ、よく混ぜる。

4 ころもつけ

えびと帆立に小麦粉をまんべんなくまぶし、余分な粉は手で払い落とす。次にしっかりと溶きほぐした卵液にくぐらせ、均一につける。

続いてパン粉をまぶす。えびは形をまっすぐのばしながらつける。尾は焦げやすいのでパン粉はつけないようにする。

5 揚げる

フライパンに2〜3㎝の深さまで油を入れ、170度（中温）に熱してえびを揚げる。えびは太いほうを入れ、ひと呼吸したら全体を4分揚げる。帆立も揚げ、生野菜やレモンとともに盛り、タルタルソースをかける。

Q&A どんなえびがフライ向きですか？

大正えびやブラックタイガーのように、頭と殻がついている、1尾が30〜40gのものがおすすめ。大きいほうが揚げたときに見栄えがします。大正えびはうまみがあり、ブラックタイガーは赤色がきれいに仕上がります。

卵は混ぜすぎると
“コシがなくなる”ので10回程度に
終始強火のまま手早く、ふんわりと！

献立のヒント

ごぼうサラダ

さつまいもの甘煮

納豆オムレツに合う副菜は…

ふんわりしたオムレツには、歯ごたえのあるサラダとほっくり甘い煮ものを添えて、食感の違いを楽しんでください。

納豆オムレツ

卵を流し入れたら2～3回混ぜて半熟のうちにまとめます。

20分

材料の切り方は

＊万能ねぎの小口切り→172ページ

材料（4人分）

卵	8個
ひき割り納豆	小2パック（100g）
しょうゆ	大さじ2
万能ねぎ	10本
塩	少々
サラダ油	小さじ8

1 下準備

納豆にしょうゆを混ぜて下味をつける。普通の納豆の場合は、細かく刻んで使う。

万能ねぎは端から小口切りにする。

2 卵液を作る

1人分ずつ作る。ボウルに卵2個を割り入れ、10回くらい混ぜてほぐす。混ぜすぎるとコシがなくなり、ふんわり焼き上がらない。

納豆の¼量と塩を加え、卵となじむようにざっと混ぜる。

3 焼く

フライパンにサラダ油小さじ2を中火で熱し、万能ねぎの¼量をサッと炒めて、卵液を一気に流し入れる。

焼く

強火にして卵のまわりが固まりだしたら、大きく2～3回混ぜる。

まだ半熟のうちに、フライパンの手前に卵を寄せていく。

半分に折ったらそのまま形がなじむまでサッと火を通す。

フライパンを揺するようにして卵を裏返し、うっすらとした焼き色をつける。ここまで手早くするのがポイント。

4 仕上げ

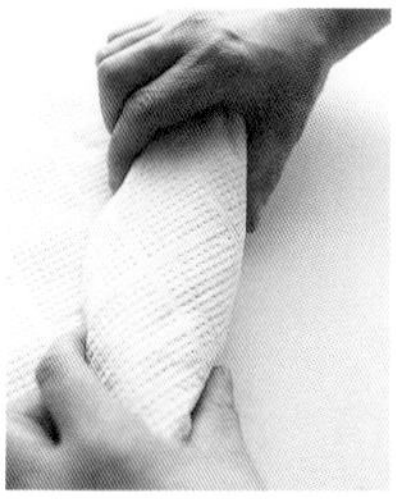

すぐにキッチンペーパーの上にとり、ペーパーでしっかりと包んで木の葉形に整える。そのまま少し置いてなじませたら、ペーパーをとって皿に盛り、プチトマトを添える。

Q&A どんな材料でも具にできますか？

ちりめんじゃこや明太子のように、うまみが出るものがおすすめ。じゃこなら½カップを、明太子なら1腹を手でちぎり、納豆のかわりに混ぜて、同じ要領で作ります。具に塩味があるので、何もかけなくても大丈夫。

長～く煮込まなくても
ソースがとろっとして、うまみ“じっくり”
ひき肉と一緒に小麦粉を炒めるのがポイント

献立のヒント

ポテトサラダ

こんがりアスパラ

スパゲティミートソースに合う副菜は…

ミートソースといえば、やっぱりポテトサラダ。もう一品はトースターで作れる、野菜の焼きもので軽めにアレンジします。

スパゲティミートソース

ひき肉のほかに野菜をたっぷり！炒めたら煮るだけでできあがり。

材料の切り方は

＊にんにく・玉ねぎ・セロリ・にんじんのみじん切り→172ページ

30分

材料（4人分）

合びき肉	150g
にんにく	1片
玉ねぎ	1/4個(50g)
セロリ	1/2本(50g)
にんじん	1/4本(50g)
ベーコン	1枚
ナツメグ	小さじ1/3
コショウ	少々
小麦粉	大さじ1
A トマトの水煮缶	大1缶
A ローリエ	1枚
A 赤ワイン	1/4カップ
A 顆粒コンソメの素	大さじ1/2
B トマトケチャップ	大さじ1
B 中濃ソース	大さじ1
B 塩・コショウ	各少々
スパゲティ	300～400g
塩	小さじ3～4
粉チーズ	適量
パセリのみじん切り	適量
オリーブオイル	大さじ2

1 下準備

にんにくと玉ねぎ、セロリ、にんじんはみじん切りにする。ベーコンは端から5㎜幅に切る。

2 ミートソース作り

Aのトマトの水煮缶は、ボウルに入れて実をフォークで粗くつぶす。

フライパンにオリーブオイルとにんにくを入れて中火にかけ、きつね色になるまで炒める。

次に玉ねぎ、セロリ、にんじん、ベーコンも加えて、しんなりするまでよく炒める。

合びき肉とナツメグ、コショウを加えて炒め、肉がポロポロになったら小麦粉をふり入れて、手早く混ぜ合わせる。

ミートソース作り

Aのトマトの水煮を缶汁ごと加え、残りの**A**も加えて木べらでつぶしながら煮立てる。弱火にし、約15分煮る。

Bのケチャップと中濃ソースを加え、木べらで混ぜながら弱火でさらに10分ほど煮つめる。最後に塩とコショウで味を調える。

3 スパゲティをゆでる

鍋に3～4ℓの湯を沸騰させ、塩を入れる。多めの塩を入れることで特有のコシが出るので、お忘れなく。

グラグラ煮立っている中にスパゲティを放射状に広げて入れる。中火で芯がほんの少し残る程度の堅さにゆでたら、ざるに上げる。皿に盛ってミートソースをかけ、粉チーズとパセリをふる。

Q&A ミートソースは冷凍できますか？

冷凍できるので、時間があるときに作り置きしておくと重宝します。1～2人分ずつファスナー式保存袋に入れて平らにし、空気を抜いて冷凍を。薄くしておくと手で折って使えるし、解凍するのもラクですよ。

煮くずれにくく、うまみが出る…
骨つき魚は“いいことずくめ”！
香ばしく焼くと、トマトソースのなじみバツグン

献立のヒント

マカロニサラダ

焼き野菜のマリネ

さばのトマト煮に
合う副菜は…

メインに合わせて、副菜もイタリアンテイストの２品を。
ボリューム＆彩りがよく、おもてなしにも適しています。

さばのトマト煮

さばは小麦粉をつけて焼きます。あとはトマトソースで煮るだけ！

40分

材料の切り方は

＊にんにく・玉ねぎのみじん切り→172ページ
＊さばの二枚おろし→175ページ

材料（4人分）

- さば……1尾（400～450g）
- 塩……小さじ1/2
- 白ワイン……大さじ2
- A
  - トマトの水煮缶……大1缶
  - プチトマト……1/2パック
  - にんにく……2片
  - 玉ねぎ……1/4個
  - 赤唐辛子……1本
  - ローリエ……1枚
  - ドライミックスハーブ……小さじ2
  - 塩……小さじ1/2
  - コショウ……少々
- 小麦粉……大さじ2
- オリーブオイル……大さじ4

1 下準備

さばは二枚におろし、2cm幅に切る。骨つきの身は、つけたまま焼くと骨からいいだしが出る。

さばに塩と白ワインをふり、20分置いてなじませる。洋風なので白ワインがベストだが、なければ酒でもいい。魚の臭みが消え、風味もアップ。

Aのトマトの水煮缶は実を粗くつぶし、プチトマトはヘタをとって縦半分に切る。にんにくと玉ねぎはみじん切りにする。

2 トマトソース作り

赤唐辛子は半分にちぎって、種をもむようにして中から出す。種をつけたままだと辛くなりすぎるので注意して。

フライパンにオリーブオイル大さじ2とにんにくを入れて中火で熱し、いい香りが出たら玉ねぎと赤唐辛子を加え、しんなりするまで炒める。

プチトマトとトマトの水煮を缶汁ごと加え、木べらでかき混ぜながら中火で煮立てる。

煮立ったらローリエ、ドライミックスハーブ、塩、コショウを加え、弱火にして20分煮る。ふたは必要ない。

3 さばを焼く

さばの水けをキッチンペーパーでふき、小麦粉を全体にまぶす。粉がつきすぎると皮がはがれやすくなり、ソースに濃度がつきすぎるので、余分は手で払い落とす。

別のフライパンにオリーブオイル大さじ2を中火でよく熱し、さばの皮側から並べ入れる。香ばしい焼き色がついたら裏返し、2分ほど焼いて中まで火を通す。

4 煮る

さばをトマトソースに加え、弱火で10分煮る。ソースが全体にからんで、ふっくらやわらかくなれば完成。

Q&A さばのほかにトマト煮に合う材料は？

淡泊ないかや鶏もも肉のほかに、あじ・さんま・豚バラ肉のような、脂があって風味の強いものも合います。トマトが臭みをやわらげて、酸味の効いたあっさりした仕上がりに。作り方はさばと同じです。

パン粉は“細かくする”のがワザ！なすが余分な油を吸わずにサクッと軽～い仕上がりです

献立のヒント

小松菜のからしあえ

焼きはんぺん

なすのフライ タルタルソースに合う副菜は…

メインは刻んだり、揚げたりと手間がかかるので、副菜はゆでるだけ、焼くだけの簡単メニューで時間短縮を。

なすのフライ タルタルソース

**最初にタルタルソースの準備を！
材料を刻んで混ぜるだけです。**

材料の切り方・油の温度は

＊玉ねぎのみじん切り→172ページ
＊揚げ油の温度→171ページ

35分

材料（4人分）

- なす……8個（800g）
- 塩……小さじ1/2
- コショウ……少々
- 卵……2個
- 牛乳……大さじ3
- 小麦粉……1/2カップ
- パン粉……1と1/2カップ
- A
  - ゆで卵……4個
  - ハム……4枚
  - 玉ねぎのみじん切り……大さじ2
  - パセリのみじん切り……大さじ1
  - マヨネーズ……大さじ5
  - レモン汁……小さじ2
  - 塩……小さじ1/4
  - コショウ……少々
- 揚げ油……適量

1 タルタルソース作り

Aのゆで卵は殻をむいて白身と黄身に分け、白身は粗みじん切りにし、黄身はつぶす。ハムはみじん切りにする。

ボウルにゆで卵とハム、**A**の残りの材料を合わせて、よく混ぜる。

2 ころもの準備

ボウルに卵を割り入れて卵白を切るようにほぐし、牛乳を少しずつ加えて混ぜる。

パン粉は万能こし器に入れ、手で押し出すようにしてこし、細かくする。

パン粉はやや大きめのバットに、小麦粉は小さめのバットに入れて広げておく。

3 なすの下準備

なすはヘタを包丁でぐるりととり、皮をところどころむく。その後、塩とコショウを全体にふる。

4 ころもつけ

なすに小麦粉をまんべんなくまぶし、余分な粉は手で払い落とす。次に卵液にくぐらせ、均一につける。

続いてパン粉の上にのせ、手のひらでしっかり押さえるようにして全体にまぶす。余分なパン粉は払う。

5 揚げる

鍋に油を入れて170度(中温)に熱し、なすを4個入れる。ころもがカリッと固まったら裏返し、4～5分かけてきつね色になるまで揚げる。残り4個も同様に揚げ、皿に盛ってタルタルソースをかける。

Q&A なすの栄養は？

なすの旬は6～9月。栄養的にはあまり期待できませんが、最近、注目されているのが皮の成分。なす紺と呼ばれる紫紺色は、「アントシアニン」という色素で、抗酸化作用のあるポリフェノールが含まれています。

あさりの“蒸し汁”を使うから
おいしさが何倍にも！
アスパラは焼いて、香ばしさを出します

献立のヒント

さつまいものレモン煮

きのこのいり煮

アスパラと魚介のマリネに合う副菜は…

シコシコしたきのこと、ほっこりと甘みのあるさつまいもの副菜を組み合わせて、食感の変化を楽しみます。

アスパラと魚介のマリネ

まず、あさりを蒸し煮に！
この蒸し汁でマリネ液を作ります。

30分

材料の切り方は

＊たこのそぎ切り→173ページ

材料（4人分）

グリーンアスパラ	2束（200g）
ゆでだこの足	200g
あさり（殻つき）	300g
白ワイン	大さじ1
ブラックオリーブ	10個
A 白ワインビネガー	大さじ3
A オリーブオイル	大さじ2
A 粒マスタード	大さじ1
A 塩	小さじ½
A あさりの蒸し汁	大さじ3
オリーブオイル	大さじ1

下準備 1

あさりは海水程度の塩水（約3％）に、10分くらいつけて砂を吐かせる。殻同士をこすり合わせてよく洗う。

鍋にあさりを入れて白ワインをまわし入れ、ふたをして中火で3分蒸し煮にする。

殻が開いたら火を止め、ふたをとってあら熱をとる。蒸し汁は、あとでマリネ液に使うのでとっておく。

グリーンアスパラは根元の堅い皮をピーラーでむき、長さを半分に切る。たこは一口大のそぎ切りにする。

マリネ液を作る 2

バットに**A**の材料を合わせ、スプーンでよく溶き混ぜる。

焼く 3

フライパンにオリーブオイルを中火で熱し、グリーンアスパラを入れて転がしながら焼き色をつけ、火を通す。

漬ける 4

マリネ液に汁けをきったあさり、たこ、グリーンアスパラ、ブラックオリーブを加えて混ぜ、ラップをかけて冷蔵庫で1時間くらい冷やす。

Q&A グリーンアスパラの栄養は？

グリーンアスパラの旬は5～6月。カロテン、ビタミンC・B_1・B_2を含むほか、アミノ酸の一種であるアスパラギン酸が多く含まれています。この成分は、新陳代謝を促したり、疲労回復に効果があります。

卵白は“しっかり”泡立てて
ふわふわのころもを作ります
ブロッコリーは生のまま揚げるとサクサクッ！

献立のヒント

かぼちゃの
いとこ煮

ニラのぬた

ブロッコリーといかのフリットに
合う副菜は…

サクサクの揚げものには、さわやかな酢のものと、甘いかぼちゃの煮ものを合わせましょう。栄養バランスもいうことなし。

ブロッコリーといかのフリット

ころもをたっぷりとつけたら野菜は1分、いかは3分揚げます。

25分

油の温度は

＊揚げ油の温度→171ページ

材料（4人分）

- ブロッコリー……1株（150～200g）
- もんごういか……200g
- 卵白……2個分
- 塩……小さじ1/2
- A
  - 卵黄……2個分
  - 水……1/2カップ
  - 小麦粉……100g
  - ベーキングパウダー……小さじ2/3
  - 粉チーズ……大さじ4
- レモン……適量
- 揚げ油……適量

1 下準備

ブロッコリーは小房に分けてから、縦半分に切る。

いかは皮をむいて、表を上にして横長に置き、斜めに5㎜幅の切り込みを入れる。それに直角になるように、同様に切り込みを入れる。

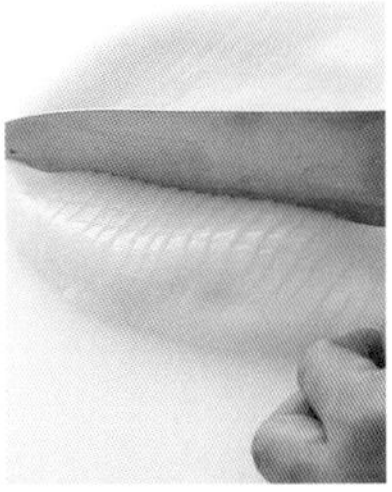

いかを縦3～4つに切ってから、さらに端から3㎝幅に切る。

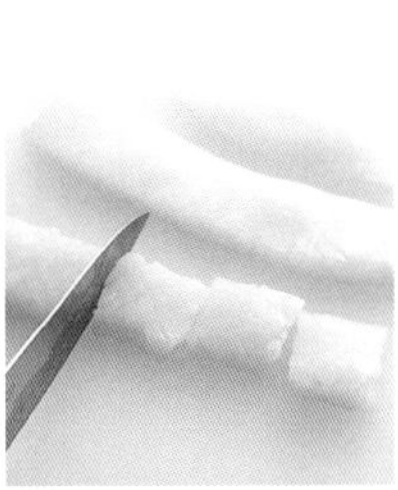

2 ころもを作る

ボウルに卵白を入れて泡立て器でざっとほぐし、塩を加えてしっかりと泡立てる。

泡立て器ですくってみて、ピンとツノが立てばOK。

ころもを作る

別のボウルに**A**を順に加え、菜箸でそのつどよく混ぜる。

卵黄のボウルに泡立てた卵白を加え、ゴムべらで切るようにさっくりと混ぜる。これで、ころものできあがり。

3 ころもつけ

ブロッコリーといかをころもにくぐらせ、全体にたっぷりとつける。

4 揚げる

油を180度（高温）に熱し、3を1つずつ入れる。ブロッコリーは1分、いかは3分くらいを目安に、ときどき返しながらカラッと揚げる。皿に盛り、くし形に切ったレモンを添える。

Q&A ブロッコリーの栄養は？

ブロッコリーの旬は11～2月。ビタミンCの含有量はレモンのおよそ2倍で、カロテン、食物繊維、鉄分も豊富な緑黄色野菜です。これらの要素は美肌づくりに欠かせないほか、植物油と調理すれば老化防止にも効果的。

“弱火”で時間をかけてじっくり煮ると水分が出にくく、うまみがキープできます

献立のヒント

かぼちゃサラダ

小松菜のあえもの

野菜と牛肉のスープ煮に合う副菜は…

やさしい味のメインには、マヨ味のサラダとピリッとしたからしあえを合わせます。緑黄色野菜もたっぷりとれますよ。

野菜と牛肉のスープ煮

肉は焼き色をつけてから下ゆでして、余分な脂をとります。

120分

材料の切り方は

＊にんじんの斜め切り→172ページ

材料（4人分）

玉ねぎ……4個（600～800g）
にんじん……2本（300g）
牛肩（またはすね）かたまり肉……600g
ローリエ……1枚
赤唐辛子……1本
水……6カップ
A［粒マスタード……大さじ2
　 マヨネーズ……大さじ4
塩……大さじ1
コショウ……少々
サラダ油……小さじ1～2

1 下準備

牛肉は8つに切り、サラダ油を熱したフライパンに入れて、中火で全面に焼き色をつける。

肉がかぶるくらいの水を注いで中火で5分ゆで、ゆで汁を捨てる。

大きめの鍋に肉を移し、ローリエ、種をとった赤唐辛子、分量の水を注ぎ、ふたをして中火にかける。

煮立ったら弱火にして、1時間煮る。

下準備

玉ねぎは縦半分に切り、にんじんは1㎝厚さの斜め切りにする。

2 たれを作る

Aを小さめのボウルに入れて混ぜておく。

3 煮る

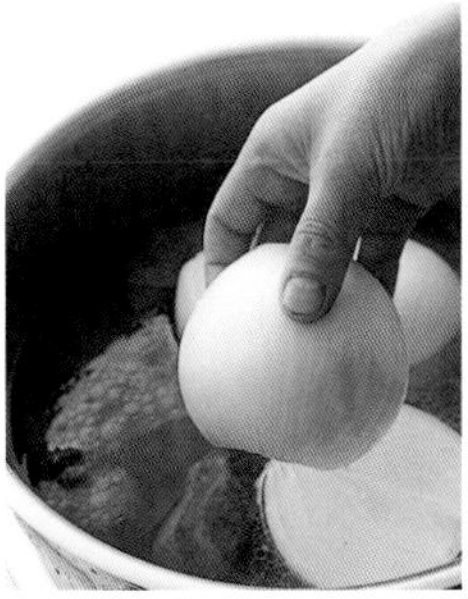

牛肉の鍋に塩とコショウを加えてひと混ぜし、玉ねぎとにんじんを加える。

ふたをして煮立て、弱火にして30～40分煮る。器に盛ってスープをたっぷり注ぎ、たれをかける。

Q&A 玉ねぎとにんじんの栄養は？

玉ねぎの旬は6～9月。特有の刺激臭や辛みは硫化アリルによるもので、ビタミンB_1の吸収を高める働きがあります。にんじんの旬は10～2月。カロテンの含有量は野菜の中でもトップクラスです。

ほうれんそうと
トマトの水分だけで煮るから
うまみも持ち味も“ひとききわ”！

献立のヒント

きゅうりと
ささ身の酢のもの

たけのこの
土佐煮

ほうれんそうのキーマカレーに
合う副菜は…

コクのあるカレーには、さっぱりした酢のものと、おかか風味の煮ものを合わせて味にメリハリをつけましょう。

ほうれんそうのキーマカレー

カレー粉はいい香りが立つまで弱火で2分炒めます。

35分

材料の切り方は

＊玉ねぎのみじん切り→172ページ

材料（4人分）

ほうれんそう	1束（250g）
玉ねぎ	$\frac{1}{2}$個
合びき肉	300g
小麦粉	大さじ2
カレー粉	大さじ3
トマトの水煮缶	大1缶（400g）
A にんにく	1片
A しょうが	1かけ
A 顆粒コンソメの素	小さじ2
A 中濃ソース	大さじ3
サラダ油	大さじ1

1 下準備

ほうれんそうは洗ってから根を切り、2㎝長さに切る。玉ねぎはみじん切りにする。

Aのにんにくとしょうがはすりおろし、**A**の残りの調味料と混ぜ合わせておく。

2 炒める

フライパンにサラダ油を中火で熱し、玉ねぎを炒める。しんなりしたら小麦粉とカレー粉を加え、香りが立つまで弱火で2分炒める。

合びき肉を加え、ほぐしながらパラパラになるまで中火で炒め合わせる。

炒める

続いてほうれんそうを加え、しんなりするまで炒める。

3 煮る

トマトの水煮を缶汁ごと加え、木べらで粗くつぶす。

合わせておいた調味料を加えて混ぜ、中火で煮立てる。

弱火にして、木べらで混ぜながら10分ほど煮つめる。

Q&A ほうれんそうの栄養は？

旬は11～3月。寒い季節のほうが緑色が濃く、肉厚で、うまみがあります。緑黄色野菜の王様といわれるほど栄養価が高く、貧血を予防する鉄分は野菜ではトップクラス。ほかにもカロテンやビタミンB群が豊富。

ふたをして蒸し焼きにしたら
油をまわして“強火で”2～3分！
これでパリッ、こんがりと焼き上がります

献立のヒント

中華風かき卵スープ

かぼちゃバター

ギョウザに合う副菜は…

ギョウザは肉が少なめなので、かぼちゃバターと中華スープを添えてボリュームを持たせます。緑黄色野菜でカロテンもたっぷりです。

ギョウザ

タネは1分くらい練って！
形よく包んで色よく焼きます。

60分

材料の切り方は

＊白菜の粗みじん切り→172ページ

材料（4人分）

豚ひき肉		150g
A	鶏ガラスープの素	小さじ1
A	しょうゆ	大さじ1
A	酒	大さじ1
A	ごま油	大さじ1
白菜		¼株（300g）
塩		小さじ½
ニラ		1束
しょうが		1かけ
ギョウザの皮		40～50枚
片栗粉		適量
サラダ油		大さじ1
ごま油		適量

下準備 1

白菜は粗みじんに切り、塩をふって10分置く。しんなりしたら、水けをしっかり絞る。ニラは2～3㎜幅に切り、しょうがはすりおろす。

豚ひき肉をボウルに入れ、**A**を加えて1分くらい練り混ぜる。これで野菜となじみやすくなる。

具を作る 2

練った豚ひき肉に準備しておいた野菜を合わせて、具の準備をする。

手で2～3分練り混ぜる。肉と野菜がムラなく混ざり、全体に粘りが出てくるまでが目安。

皮で包む 3

ギョウザの皮を1枚手にのせ、小さじ1強の具を中央にのせる。皮の周囲に、指で水をつける。

片端1㎝くらい皮を合わせ、ひだを3～4本寄せながら包み、合わせ目をきっちりとくっつける。残りも同様にして包み、片栗粉を薄くふったバットに並べておく。

焼く 4

フライパンにサラダ油を中火で熱し、全体に広げてギョウザを2～3列並べる。すぐに、ギョウザの⅓くらいの高さまでぬるま湯を注ぎ入れる。

ふたをして、中火のまま5～6分かけて蒸し焼きにする。

水分が残っていたら、ふたで押さえてしっかりきり、ごま油小さじ1をまわし入れる。これで、表面がカリッと香ばしく焼き上がる。

再びふたをして、強火で2～3分焼く。チリチリと音がして、ギョウザの底に焼き色がついたら完成。残りも同様に焼いて皿に盛り、酢じょうゆやラー油でいただく。

Q&A 白菜以外にも使える野菜は？

キャベツ・チンゲンサイ・セロリは、ギョウザの具としてうってつけ。1種類でも、どれかと組み合わせて2種類にしてもおいしくできますが、さらに中華らしい風味が味わえるニラをプラスするのがヒケツです。

野菜は“サッと”炒めて半生仕上げ！
みずみずしい歯ごたえと
甘酸っぱさが新鮮です

献立のヒント

小松菜のおひたし

ねぎとちくわのごま油かけ

酢豚に合う副菜は…

酢豚は使う材料が多くて手間もかかるので、副菜は切るだけ、ゆでるだけの簡単メニューで調理時間を短縮。

酢豚

先に材料の下ごしらえをします。あとは炒めてとろりと仕上げて！

40分

材料の切り方・油の温度は

＊にんじん・ピーマンの乱切り→172ページ
＊玉ねぎのくし形切り→173ページ
＊ゆでたけのこのいちょう切り→173ページ
＊生しいたけのそぎ切り→173ページ
＊揚げ油の温度→171ページ

材料（4人分）

豚肩ロースかたまり肉	300g
しょうゆ	小さじ2
酒	小さじ1
サラダ油	小さじ1
片栗粉	大さじ3〜4
にんじん	1/2本
玉ねぎ	1個
ピーマン	2個
ゆでたけのこ	100g
生しいたけ	6個
A 酢	1/4カップ
A しょうゆ	1/4カップ
A 砂糖	大さじ4
A 鶏ガラスープの素	小さじ1
A 水	1/2カップ
片栗粉	大さじ1
揚げ油	適量
サラダ油	大さじ3

1 下準備

にんじんは一口大の乱切りにし、熱湯で3〜4分ゆでて、ざるに上げる。

玉ねぎは12等分のくし形に切り、ピーマンは乱切りにする。ゆでたけのこは穂先をくし形切りにし、根元はいちょう切りに。生しいたけはそぎ切りにする。

ボウルに**A**を合わせて混ぜ、合わせ調味料を作る。調理がスムーズにいくよう、あらかじめ準備しておく。

2 下味つけ

豚肉は3㎝角に切り、しょうゆ、酒、サラダ油をまぶしてよくもみ、20分置く。このあと片栗粉をまぶして、余分な粉を払っておく。

3 下揚げ

フライパンに2㎝の深さまで油を入れ、170度（中温）に熱して肉を揚げる。5〜6分かけて、カリッとするまで揚げて。

4 炒める

揚げ油を容器にあけてサッとふき、サラダ油を中火で熱して、玉ねぎ、ゆでたけのこ、生しいたけの順に炒める。

玉ねぎがしんなりしたら、ピーマンとにんじんをサッと炒め合わせる。全体に油がまわったら、揚げた肉を加えて手早く混ぜる。

5 味つけ

合わせ調味料に片栗粉を加えてよく混ぜる。片栗粉は、味つけの直前に混ぜるのがコツ。粉が下に沈まない。

すぐに合わせ調味料をまわし入れ、ダマにならないよう、木べらで混ぜながら中火で炒める。

とろりとしてつやが出てきたらできあがり。

Q&A 肉を揚げない方法ってあるの？

揚げるのが面倒なら、油で焼いてもかまいません。肉に下味をつけたら片栗粉をまぶし、サラダ油で両面を2分ずつ強火で焼きます。さらにふたをして弱火にし、中までしっかり火が通るまで蒸し焼きにします。

えびは背に切り込みを入れると
火が早く通って“プリプリ”に！
辛みとにんにくを効かせて

献立のヒント

大根の
酢のもの

オクラの
みそマヨ味

えびチリソースに
合う副菜は…

メインは味にパンチがあるので、シンプルな副菜がベスト。酢のものとみそマヨ味を添え、味のバリエーションを楽しんで。

えびチリソース

薬味→えびを炒めたら調味料を加えて1〜2分煮ます。

材料の切り方は

＊しょうが・にんにく・長ねぎのみじん切り→172ページ

30分

材料（4人分）

- えび（殻つき）……小25〜30尾
- A
  - 酒……大さじ1
  - 片栗粉……大さじ1
  - サラダ油　大さじ1
  - 塩……少々
- しょうが……1かけ
- にんにく……1片
- 長ねぎ……1/2本
- B
  - トマトケチャップ……1/4カップ
  - 酒……大さじ1/2
  - しょうゆ……大さじ1/2
  - 鶏ガラスープの素……小さじ1
  - 水……2/3カップ
- トウバンジャン……小さじ1〜2
- 片栗粉……大さじ1/2
- 水……大さじ1
- サラダ油……大さじ2

1　下準備

えびは背に浅く切り込みを入れ、背ワタを取り除いて尾と殻をとる。

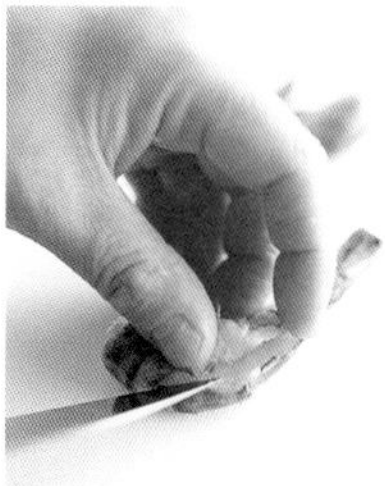

えびにAをからめて下味をつける。

しょうが、にんにく、長ねぎは、それぞれみじん切りにする。

Bのケチャップと酒、しょうゆ、鶏ガラスープの素、分量の水を合わせて混ぜ、合わせ調味料を作る。

2　炒める

フライパンにサラダ油を中火で熱し、にんにくとしょうが、トウバンジャンを炒めて、香りと辛みを引き出す。

炒める

香りが出たらえびと長ねぎを加え、ほぐすようにしながら炒める。

えびが赤くなってプリッとするまで、中火のまま炒める。

3　味つけ

火が通ったら、合わせ調味料を加えて混ぜる。

中火で煮立て、1〜2分煮る。ここでえびに味を含ませる。

4　とろみづけ

片栗粉を分量の水で溶いてまわし入れ、中火のまま絶えず木べらで混ぜて、とろりとするまで火を通す。

Q&A　むきえびでもおいしく作れますか？

むきえびでも遜色なく作れます。ただし、保存のために塩分が含まれているので、そのままだと味つけに影響してしまいます。酒・水各大さじ2をむきえびにからめて10分くらい塩抜きし、水けをふいてから使います。

キャベツは“少量の水”を加えて強火で炒めます シャキッとした歯ごたえに！

献立のヒント

ホイコーローに合う副菜は…

五目煮豆

梅ねぎ昆布汁

栄養バランスのとれた五目煮豆は、毎日でも食べたい副菜です。もう1品は軽く、口をさっぱりさせる汁ものが最適。

ホイコーロー

豚肉→キャベツの順に炒めます。最後に調味料を加えて強火で1分。

25分

材料の切り方は

＊ピーマンの乱切り→172ページ
＊長ねぎの斜め切り→172ページ
＊しょうが・にんにくのみじん切り→172ページ

材料（4人分）

- キャベツ……大4〜5枚（350〜400g）
- 豚バラ薄切り肉……250g
  - しょうゆ……小さじ1と½
  - 酒……小さじ1と½
- ピーマン……3個
- 長ねぎ……1本
- しょうが……1かけ
- にんにく……1片
- A
  - テンメンジャン……大さじ3
  - 酒……大さじ1
  - しょうゆ……小さじ1と½
  - 砂糖……小さじ½
  - トウバンジャン……小さじ1
  - 片栗粉……小さじ1
- 水……大さじ3
- サラダ油……大さじ3

1 下準備

豚肉は5㎝長さに切り、しょうゆと酒をふって手でもみ、10分置く。

キャベツは5㎝角に切り、ピーマンはヘタと種をとって一口大の乱切りにする。長ねぎは5㎜幅の斜め切りにする。

しょうがとにんにくは、みじん切りにする。

2 肉をゆでる

鍋にたっぷりの湯を沸かして豚肉を一度に入れ、菜箸でほぐしながら中火で30秒くらいゆでる。色が変わったらざるに上げて湯をきる。

3 合わせ調味料を作る

ボウルにAのテンメンジャンと酒を入れて溶き混ぜ、残りのAを加えて混ぜる。

4 炒める

フライパンにサラダ油大さじ1を中火で熱し、しょうがとにんにくを炒める。香りが出たら長ねぎも炒める。

次に豚肉を加えて中火で1分くらい炒め、肉にうっすら焼き色がついたら取り出す。

フライパンにサラダ油大さじ2を足し、キャベツとピーマンを入れて、全体に油がまわるまで中火で炒める。

5 味つけ

やや強火にして分量の水をまわし入れ、上下を返しながら1分くらい炒めて水分をとばす。

豚肉を戻し入れて合わせ調味料を加え、強火にして1分くらい炒めて味をからめる。

Q&A キャベツの栄養は？

葉の巻きがゆるい春キャベツと、巻きが堅くて重い冬キャベツがあります。それぞれの旬は3〜5月、10〜12月。ビタミンCが多く、緑色の濃い外葉にはカロテンが豊富。胃潰瘍の予防に効果的なビタミンUも。

“香りと辛み”が
上手に引き出せれば満点！
ごはんにたっぷりのせてどうぞ

献立のヒント

ベーコンなす

きゅうりの酢のもの

マーボー豆腐に合う副菜は…

ピリ辛でしっかり味のメインには、さわやかな酢のものを。
ベーコンなすは電子レンジで作ればとってもお手軽です。

マーボー豆腐

トウバンジャンは炒めて辛み出しを。豆腐が煮えたらとろみづけをします。

材料の切り方は

＊長ねぎ・しょうが・にんにくのみじん切り
→172ページ

25分

材料（4人分）

- 木綿豆腐……2丁
- 豚ひき肉……200g
- 長ねぎ……1/2本
- しょうが……1/2かけ
- にんにく……1/2片
- A
  - しょうゆ……大さじ2
  - 酒……大さじ2
  - 砂糖……小さじ1
  - 水……1カップ
  - 鶏ガラスープの素……小さじ1
- トウバンジャン……小さじ1～2
- テンメンジャン……大さじ1
- 片栗粉……大さじ1/2～1
- 水……大さじ1～2
- ごま油……少々
- 粉山椒……適量
- サラダ油……大さじ3

1 下準備

長ねぎ、しょうが、にんにくは、それぞれみじん切りにする。

豆腐はそれぞれ12～16等分に切り、キッチンペーパーを敷いたバットに並べる。上からもペーパーをかぶせて軽く押さえ、水けをとる。

ボウルに**A**を合わせて混ぜ、合わせ調味料を作っておく。

2 炒める

フライパンにサラダ油を中火で熱し、しょうがとにんにくを炒める。香りが出たらトウバンジャンを加え、香りが立つまで炒める。

続いてテンメンジャンも加え、中火でさらに炒める。焦げないように混ぜながら、香りと辛みをじっくり引き出す。

炒める

豚ひき肉を加え、ほぐしながら炒め合わせる。肉の色が変わってポロポロになるまでが目安。

3 味つけ

合わせ調味料を一気に加え、木べらでひと混ぜして煮立てる。

4 煮る

長ねぎと豆腐を加え、豆腐が温まる程度に中火で2分くらい煮る。

片栗粉を分量の水で溶いてまわし入れ、ダマにならないよう、木べらで混ぜながらとろりとするまで火を通す。

5 仕上げ

最後に風味づけのごま油を加えてざっと混ぜ、器に盛って粉山椒をふる。

Q&A テンメンジャンがないときはどうしたら？

テンメンジャンは甘辛いみそ味なので、赤みそ＋砂糖でも同じようにできます。分量は赤みそ小さじ2に対して砂糖が小さじ1。もっとあっさり味にしたければ、赤みそのかわりにしょうゆ小さじ2を使ってもOK。

ポイントはきゅうりの種をとること！
料理が“水っぽく”ならずに
調味料がしっかりからみます

献立のヒント

大根とかまぼこの
酢のもの

卵焼き

きゅうりといかの香り炒めに
合う副菜は…

ピリリとした炒めものには、ほんのり甘い卵焼きがよく合います。もう１品はさっぱりする酢のものを組み合わせて。

きゅうりといかの香り炒め

花椒と香味野菜から香りが出たら、きゅうりを加えて３分炒めます。

35分

材料（4人分）

きゅうり	4本（400g）
もんごういか	300g
塩	小さじ1/3
酒	小さじ1
長ねぎ	1本
しょうが	1/2かけ
粒花椒	小さじ1〜2
A 酒	大さじ2
A 水	1/2カップ
A 塩	小さじ1/2
A 片栗粉	小さじ2
ごま油	大さじ3

材料の切り方は

＊きゅうり・長ねぎの斜め切り→172ページ
＊しょうがのせん切り→172ページ

1 下準備

きゅうりは皮をむき、縦半分に切ってスプーンで種をこそげとる。

きゅうりを３cm幅の斜め切りにし、長ねぎは１cm幅の斜め切りにする。

しょうがはせん切りにし、粒花椒はキッチンペーパーにはさみ、スプーンの背でギュッと押しつぶす。

いかは皮をむいて表側を上にして横長に置き、５mm幅に切り込みを斜めに入れる。それに直角になるように、同様にして斜めの切り込みを入れる。

いかを３cm角に切り、両面に塩と酒をふって10分置く。

下準備

ボウルに**A**を入れてよく混ぜ、味つけ用のたれを作る。

2 炒める

フライパンにごま油大さじ１と½を中火で熱し、いかの表面を焼きつけて取り出す。

ごま油大さじ１と½を足して、花椒、しょうが、長ねぎの順に炒める。香りが出たらきゅうりを加えて３分炒める。

3 味つけ

味つけ用のたれをよく混ぜてからまわし入れ、ダマにならないように混ぜながら中火で炒める。

とろりとしてつやが出てきたら、いかを戻し入れてひと混ぜする。

Q&A きゅうりの栄養は？

きゅうりの旬は６〜８月。ビタミンＣやビタミンB_1、カリウムなどをわずかに含むものの、水分がほとんど。ビタミンＣを壊す酵素を含むため、ほかの野菜と組み合わせるときは酢を使うと防ぐことができます。

PART 3

いつも作るからこそ知っておきたい！

ごはん・めん・汁もの

ふっくらしたごはん。みその香りがいい汁もの。
毎日の食事に欠かせない定番おかずを
もう一度、基礎からおさらいしてみませんか？
米を洗う最初の水はすぐ捨てる、
みそを加えたら煮立てない…。小さなことでも
仕上がりに大きな差が出ることを、きっと実感できます。
カレーうどんや、焼きそばなど、
昼ごはんにうってつけのおかずも、これでおいしさ再発見！

ふっくら白いごはん

**ぬか臭さが残らなければ満点
それには、最初の水は
“ひと混ぜ”したらすぐ捨てて！**

35分

材料（4人分）

米……………………3カップ
水……………………3カップ

Q&A

無洗米ってどうやって使うのですか？

無洗米は安全な方法でぬかをきれいに取り除いてあるので、洗わずに炊けるのが特徴です。炊く30分ほど前に水とともに内釜に入れ、ざっと混ぜて吸水させます。水加減は普通よりも5～10%増しにするのがおいしく炊くヒケツ。

1 サッと洗う

米はざるに入れ、ふたまわり大きいボウルを下に受ける。ボウルいっぱいまで水を一気に入れ、手早くざっと混ぜる。

2 水を捨てる

すぐにざるを引き上げ、白く濁った水を捨てる。こうすることで、ごはんがぬか臭くならずに、おいしく炊き上がる。

3 洗う

再び米がかぶるくらいの水を注ぎ、米を両手で包むようにして30秒もみ洗いし、濁った水を捨てる。これを2～3回繰り返す。

4 水につける

ひたひたの水を注いでラップをかけ、30分吸水させる。ざるを引き上げてざっと水をきり、炊飯器の内釜へ。分量の水を加えて炊く。

材料から水分が出るので
水加減は米の“1～2割減”が鉄則
ふんわり作れて、失敗もありません

献立のヒント

レバーの甘辛煮

キャベツの浅漬け

炊き込みごはんに合う副菜は…

たんぱく質源が少ないので、栄養価の高いレバーの甘辛煮を。あとは箸休めになる浅漬けを合わせます。

炊き込みごはん

具は平らに入れます。あとは炊飯器まかせ！

20分

材料の切り方は

＊生しいたけの薄切り→173ページ
＊れんこんのいちょう切り→173ページ
＊にんじんの短冊切り→173ページ

材料（4人分）

	米	3カップ
A	水	2と3/4カップ
	塩	小さじ1/2
	しょうゆ	大さじ2
	酒	大さじ1
	生しいたけ	6個
	えのきたけ	1袋
	れんこん	2/3節(80g)
	にんじん	1/2本
	しょうゆ	大さじ1
	鶏もも肉	1枚
B	しょうゆ	大さじ1
	砂糖	大さじ1
	青のり	適量

下準備

1

米は炊く30分以上前に洗ってざるに上げ、水けをきる。

生しいたけは軸をとり、薄切りにする。えのきたけは根元を切り落とし、3cm長さに切ってほぐす。

れんこんは薄いいちょう切りにし、水にサッとさらす。にんじんは4cm長さの薄い短冊切りにする。

ボウルにきのこと野菜を合わせ、しょうゆをからめて下味をつける。

下準備

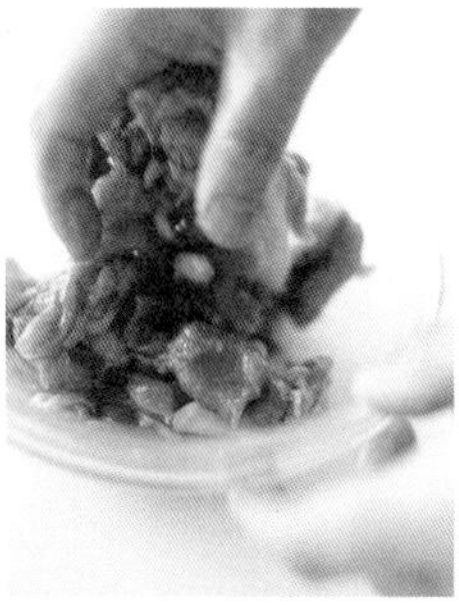

鶏肉は1cm角に切り、Bをからめる。手でよくもみ込み、調味料をなじませる。

炊く

2

炊飯器の内釜に米を移し、Aをよく混ぜ合わせてから加え、ざっと混ぜる。

きのこと野菜をのせて平らにならし、鶏肉も平らにのせて普通に炊く。

混ぜる

3

炊き上がったら、しゃもじで切るように上下を混ぜる。器に盛り、青のりをふる。

Q&A 肉のほかに魚でも作れますか？

ツナ缶やかじきのように、クセがなくてうまみがあるものが合います。ツナは缶汁をきり、粗くほぐすだけでOK。かじきは2cm角に切り、鶏肉と同様にしょうゆ・砂糖各大さじ1をからめてから炊き込みます。

水のかわりに“すし酢”で炊くと
ごはんがシャキッ！　酸味まろやか！
具はカラフルに配色よく盛るのがコツ

献立のヒント

チンゲンサイの煮びたし

里いものごま塩かけ

海鮮ちらしに合う副菜は…

チンゲンサイの煮びたしで野菜不足を補い、里いもでボリューム不足を解消。おもてなしにもぴったりです。

海鮮ちらし

すしごはんが炊けたら、いり卵をプラス。さましてから具を飾ります。

35分

材料（4人分）

- 米……3カップ
- A
  - 酢……2/3カップ
  - 水……2と1/3カップ
  - 塩……小さじ2
  - 砂糖……大さじ3
  - サラダ油……大さじ1
- 卵……3個
  - 砂糖……大さじ1
  - 塩……少々
- イクラ……50g
- 白身魚（刺身用）……100g
- まぐろ（刺身用）……100g
- ゆでだこ……100g
- いか（刺身用）……100g
- 白いりごま……大さじ2
- みつば……適量
- わさび……適量
- しょうゆ……適量

1 下準備

刺身はお好みの盛り合わせでOK。すでに切ってあるので使いやすい。イクラのかわりに、スモークサーモンやえびを入れてもいい。

米は炊く30分以上前に洗ってざるに上げ、水けをきる。

2 いり卵を作る

ボウルに卵を溶きほぐし、砂糖と塩を加えてよく混ぜ合わせる。

卵液を小鍋に入れて弱火にかけ、箸3〜4本で絶えずかき混ぜながら火を通す。

とろみがついてきたら、いったん火からおろし、さらにかき混ぜて余熱で火を通す。

再び弱火にかけ、絶えずかき混ぜながら火を通す。これを数回繰り返し、きめの細かいそぼろ状になったらできあがり。

3 すしごはんを作る

炊飯器の内釜に米を移し、**A**をよく混ぜ合わせてから加え、ざっと混ぜて普通に炊く。すし酢で炊くことで、あとの手間がなくなり、ごはんがパラッと仕上がる。

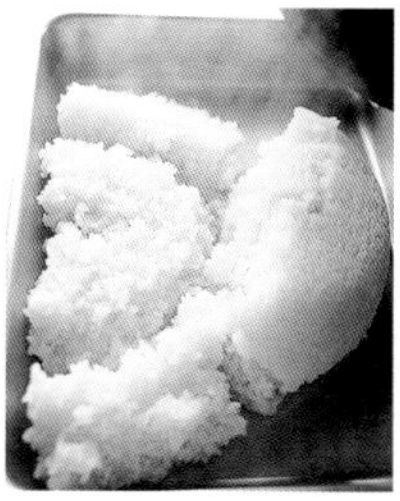

すしごはんが炊き上がったら、バットまたは大きめのボウルにあける。

いり卵は飾り用に少し残し、いりごまとともにすしごはんに加えて、手早く混ぜる。ダマができないようにほぐしながら、切るように混ぜて。

4 仕上げ

さめたら器に盛り、刺身をのせる。赤色をポイントにしながら立体的に飾り、最後にイクラといり卵、みつばを彩りよくのせる。わさびとしょうゆを添えてどうぞ。

Q&A 1人盛りにするにはどうしたらいい？

ごはん茶碗か小どんぶりに盛るのが一般的。でも、笹の葉をラッパのように巻いてホチキスでとめ、1人分ずつ盛るとグンとおしゃれ。具は赤（まぐろとイクラ）、黄（卵）、緑（みつば）の3色をバランスよく散らします。

鍋で油揚げを煮るより
“レンジ”のほうが早い！　おいしい！
[illegible]とすしごはんが絶妙です

献立のヒント

いなりずしに合う副菜は…

牛肉とごぼうの煮もの

蒸しなすのおひたし

さめてもおいしい甘辛味の煮ものと、電子レンジでできるクイック蒸しものを。お弁当や行楽にも最適です。

いなりずし

油揚げの汁を絞り すしごはんをきっちり詰めて。

50分

材料の切り方は

＊にんじん・生しいたけの粗みじん切り
→172ページ

材料（4人分）

- 米……2カップ
- A
  - 水……1と⅔カップ
  - 酢……½カップ
  - 塩……大さじ½
  - 砂糖……大さじ2
- にんじん……½本
- 生しいたけ……6個
- みつば……1束
- 油揚げ……6枚
- B
  - 砂糖……大さじ5
  - しょうゆ……½カップ
  - 水……1カップ
- 白いりごま……大さじ2

1 下準備

米は炊く30分以上前に洗ってざるに上げ、水けをきる。

にんじんは粗みじんに切る。生しいたけは石づきをとり、粗みじんに切る。

みつばは熱湯でサッと塩ゆでにし、冷水にとって水けをきる。端から細かく切る。

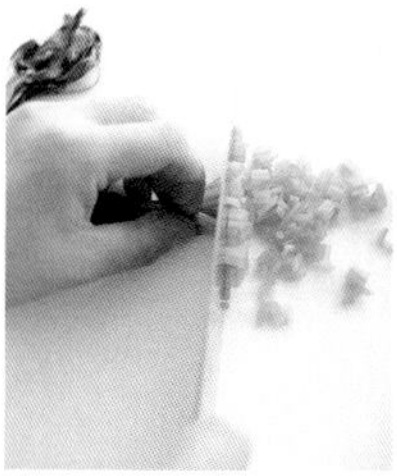

2 味つけ

油揚げはぬるま湯に浸し、洗うようにして余分な油分をとり、水けを絞る。これで味がしみ込みやすくなる。

油揚げを半分に切り、切り口から指先で少しずつ開いて袋状にする。途中で破れないように、ゆっくりと。

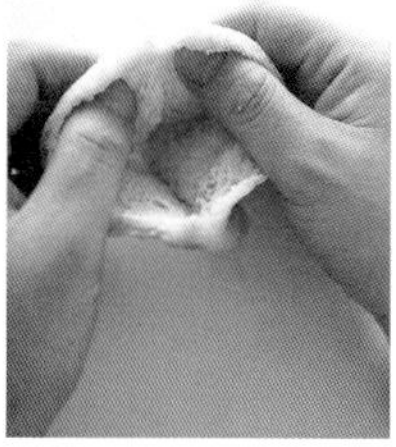

油揚げを耐熱皿に並べ、Bをよく混ぜてから全体にかける。上下を返して調味料をからめ、ふんわりとラップをかけて電子レンジで12分加熱。上下を返してそのままさます。

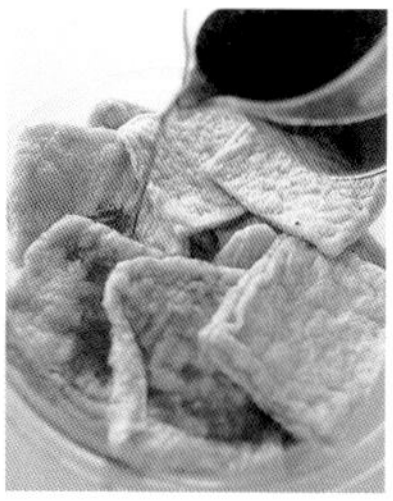

3 すしごはんを作る

炊飯器の内釜に米を移し、生しいたけとにんじんを平らにのせる。Aをよく混ぜ合わせてから加え、普通に炊く。

炊き上がったらバットにあけ、切るように手早く混ぜてさます。みつばといりごまも加えてさっくり混ぜ、12等分にして俵形に整える。

4 詰める

油揚げの汁けを手のひらで押すようにして絞り、袋を開いてすしごはんを詰める。指で押しながら、すき間なく詰める。

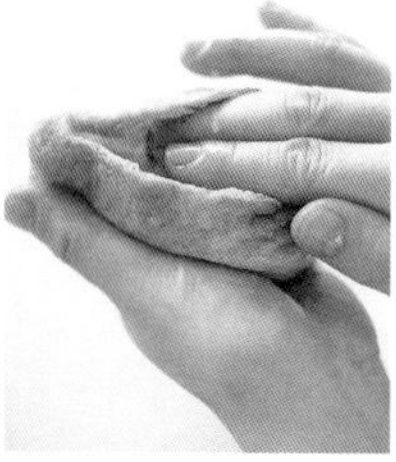

口の部分は左右を内側に折り込み、次に上下も折り込んで閉じる。すしごはんが見えるように、油揚げを内側に折り込んでもOK。

Q&A 味つけした油揚げは冷凍できますか？

もちろん冷凍できるので、多めに味つけしておくと重宝します。冷凍するときは、3枚ずつラップに包んでからフリーザーバッグに入れて冷凍庫へ。凍ったまま電子レンジで加熱すれば、解凍時間もグッとスピーディに。

ごはんに卵をからめて炒めると
こんなに“パラッパラ”！
火加減は中火をキープします

献立の
ヒント

かき卵
ピリ辛スープ

ごぼうの
しょうゆ漬け

五目チャーハンに
合う副菜は…

チャーハンにスープはつきもの。ピリ辛のかき卵スープで味にメリハリをつけ、ごぼうのしょうゆ漬けで繊維質をたっぷりと。

五目チャーハン

材料は順々に入れて炒めます。ごま油で風味よく！

25分

材料の切り方は

＊焼き豚・長ねぎ・生しいたけの角切り
→173ページ

材料（4人分）

冷やごはん…………4人分
［卵…………4個
　塩…………小さじ½
焼き豚…………100g
長ねぎ…………1本
生しいたけ…………6個
冷凍グリーンピース…½カップ
オイスターソース…小さじ4
塩…………適量
コショウ…………少々
サラダ油…………大さじ3
ごま油…………大さじ3

1 下準備

焼き豚、長ねぎ、生しいたけは、それぞれ1cm角に切る。

2 卵ごはんを作る

ボウルに卵を割り入れて切るようにほぐし、塩を混ぜ合わせる。

冷やごはんに卵液を加えて、全体が黄色くなるまで混ぜる。卵がごはんの一粒一粒にからまり、火が通ると固まるのでパラパラになる。

3 炒める

2回に分けて作る。フライパンにサラダ油・ごま油各大さじ1と½を中火で熱し、長ねぎと生しいたけを半量ずつ、しんなりするまで炒める。

続いて卵ごはんの半量を加え、ほぐしながら炒め合わせる。火加減は最後まで中火のまま。

炒める

4～5分炒めているうちに卵が固まって、ごはんがパラパラになる。

焼き豚とグリーンピースを半量ずつ加えて、手早く炒め合わせる。グリーンピースは凍ったまま入れて。

4 味つけ

オイスターソース小さじ2、塩小さじ¼強を加えて調味。

全体に味をからめながら、パラッとなるまで炒める。最後にコショウをふって味を調える。残りも同様に作って。

Q&A あっさりと塩味にするには？

さっぱり味にするには、焼き豚のかわりに淡泊なむきえびを使い、塩と粉山椒で風味よく味つけをします。むきえび200gは背ワタをとって同様に作り、オイスターソースのかわりに塩・粉山椒各小さじ½で調味します。

親子どん

卵が半熟状になったら
さらに卵をまわし入れて蒸し煮！
２回に分けることで“とろ〜り”

15分

材料（４人分）

ごはん		４人分
鶏もも肉		１枚
	酒	大さじ½
	しょうゆ	大さじ½
玉ねぎ		１個
みつば		３本
A	水	¾カップ
A	しょうゆ	大さじ４
A	みりん	大さじ２
A	砂糖	大さじ１
卵		４個

1 切る

玉ねぎは縦半分に切って３〜４㎜厚さに切り、みつばは３㎝長さに切る。

2 下味つけ

鶏肉は白いすじを数か所切り、身が厚い部分を切り開いてから２㎝角に切る。これに酒としょうゆをからめる。

3 煮る

フライパンにAの材料を合わせ、中火にかける。鶏肉を並べて火を通し、色が変わったら裏返して玉ねぎを加え、透き通るまで煮る。

4 卵でとじる

ボウルに卵を溶きほぐし、半量をまわし入れて、中火で火を通す。

表面が半熟状になったら残りの卵をまわし入れ、いったん強火にする。

ふたをして火を止め、そのまま２分置いて余熱で卵を蒸らす。器にごはんを盛ってからお玉でのせ、みつばを飾る。

三色そぼろどん

“ポロポロッ”としたそぼろを作るには
温まる前から混ぜるのがヒケツ
箸3～4本で絶えず混ぜ続けて！

15分

材料（4人分）

ごはん		4人分
さやえんどう		30枚
鶏ひき肉		100g
豚ひき肉		100g
A	しょうゆ	大さじ1
A	みそ	大さじ1
A	砂糖	小さじ2
卵		4個
B	塩	小さじ$\frac{1}{3}$
B	みりん	大さじ2
B	砂糖	大さじ1

1 切る

さやえんどうはすじをとり、熱湯で塩ゆでにする。水にとり、水けをふいて細切りにする。

2 そぼろを作る

鍋に鶏と豚ひき肉、Aの調味料を合わせ、中火にかける。

すぐに箸3～4本で混ぜるのがコツ。絶えず混ぜながらポロポロになるまでいり、バットなどにあけてさます。

卵は溶きほぐしてBと混ぜ合わせ、鍋に入れて中火にかける。すぐに箸3～4本で混ぜながらポロポロになるまでいり、バットにあけてさます。

3 盛る

器にごはんを盛り、肉そぼろ、いり卵、さやえんどうを彩りよくのせる。

めん

焼きそば

味がまだらについてしまう…よくありがちな失敗も、あらかじめめんにソースを“からめる”ことで解消

20分

材料（4人分）

蒸し中華めん	4玉
豚肩ロース薄切り肉	200g
玉ねぎ	½個
キャベツ	4～5枚（200g）
にんじん	⅓本
中濃ソース	大さじ8
塩	小さじ½
コショウ	少々
青のり	適量
紅しょうが	適量
サラダ油	大さじ4

材料の切り方は

＊玉ねぎの薄切り→173ページ
＊にんじんのせん切り→172ページ

切る

1

豚肉は一口大に切り、玉ねぎは薄切りにする。キャベツは大きめのざく切りにし、にんじんは5cm長さのせん切りに。

下味つけ

2

中華めんは1玉につき30秒ずつ電子レンジで加熱してほぐし、中濃ソースを大さじ½ずつからめる。

炒める

3

2回に分けて作る。フライパンにサラダ油大さじ2を中火で熱し、豚肉、玉ねぎ、キャベツ、にんじんを半量ずつ炒める。

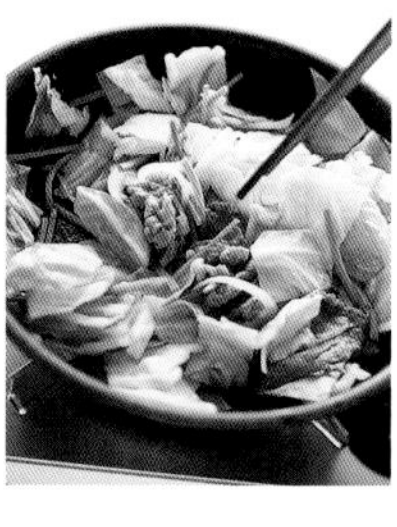

全体に油がまわったら、中華めん2玉を加えてほぐしながら炒める。野菜がまだ生っぽいうちにめんを加える。

味つけ

4

塩小さじ¼、コショウ、ソース大さじ3を加え、焼き色がつくまで中火で炒める。残りも同様に作り、青のりと紅しょうがをのせる。

焼きうどん

和風だしの素で“あっさり”仕上げ！ ごま油をめんにまぶしておくと パラッとほぐれて腕前アップ

20分

材料（4人分）

ゆでうどん	4玉
ごま油	少々
長ねぎ	2本
しょうが	1かけ
かまぼこ	小1板
鶏もも肉	1枚
塩・コショウ	各少々
酒	大さじ4
塩	大さじ$\frac{1}{2}$
和風だしの素	小さじ1
黒いりごま	適量
ごま油	大さじ4

材料の切り方は

＊長ねぎの斜め切り→172ページ
＊しょうがのせん切り→172ページ
＊かまぼこの薄切り→173ページ

1 切る

長ねぎは5㎜幅の斜め切りにし、しょうがはせん切り、かまぼこは薄切りにする。

2 下味つけ

鶏肉は小さめの一口大に切り、塩とコショウをふって下味をつける。

ボウルにうどんを入れ、ごま油をふりかけてもみほぐす。これでめんがパラッとほぐれる。

3 炒める

2回に分けて作る。フライパンにごま油大さじ2を中火で熱し、しょうがの半量を香りよく炒める。鶏肉と長ねぎ、かまぼこの順に半量ずつ加えて炒め合わせる。

4 味つけ

うどんの半量も加えて炒め、酒大さじ2、塩大さじ$\frac{1}{4}$、だしの素小さじ$\frac{1}{2}$で調味し、中火で2～3分炒める。残りも同様に作り、皿に盛っていりごまをふる。

カレーうどん

カレー粉と小麦粉をいり
水でのばしてルウを作ります
コツは“5〜6分いる”こと！

30分

材料（4人分）

- ゆでうどん……………4玉
- 玉ねぎ……………1個
- 豚肩ロース薄切り肉……200g
- ┌ カレー粉……………大さじ3
- │ 小麦粉……………大さじ4
- └ 水……………2カップ
- ┌ めんつゆ（2倍希釈）……1カップ
- └ 水……………4〜5カップ

材料の切り方は

＊玉ねぎのくし形切り→173ページ

1 切る

玉ねぎは縦半分に切り、さらに1㎝厚さのくし形切りにする。

2 ゆでる

鍋に湯を沸かし、半分に切った豚肉を入れてサッとゆで、ざるに上げる。

3 ルウを作る

鍋にカレー粉と小麦粉を入れて中火にかけ、5〜6分かけて香ばしくいる。パラパラになったら、分量の水を少しずつ加えてのばす。

4 煮る

別の鍋にめんつゆと分量の水を入れて中火にかけ、煮立ったら玉ねぎを加えて3〜4分煮る。続いて豚肉を加え、さらに2分ほど煮る。

ルウをこし網でこしながら加え、とろみがつくまで3〜4分中火で煮る。うどんを温めて器に入れ、あつあつをたっぷりかける。

和風スパゲティ

明太子にサラダ油を混ぜると
“ムラなく”スパゲティにからみます
青じそをたっぷりのせてどうぞ

20分

材料（4人分）

スパゲティ	300g
塩	大さじ2
生しいたけ	6個
明太子	2腹
サラダ油	大さじ4
しょうゆ	小さじ1
酢	小さじ1
青じそ	20枚

材料の切り方は

＊生しいたけの薄切り→173ページ
＊青じそのせん切り→172ページ

1 切る

生しいたけは石づきをとり、薄切りにする。

2 ゆでる

深鍋に4ℓの湯を沸かして塩を加え、スパゲティを鍋肌に沿わせてまわし入れる。沈んだら箸でかき混ぜ、表示時間どおりに中火でゆでる。

ゆで上がる1分前に生しいたけを加えて一緒にゆでる。芯が少し残る程度にめんがゆだったら、一気にざるに上げ、水けをきる。

3 混ぜる

明太子は薄皮ごと手でちぎってボウルに入れ、サラダ油としょうゆ、酢を加えてよく混ぜる。

4 あえる

3にスパゲティとしいたけを加えてあえ、器に盛って青じそのせん切りをのせる。

汁もの

わかめと豆腐のみそ汁

みそを溶き入れたら
“ふつふつ”煮立つ程度で火を止めて！
香りもうまみも最高です

10分

材料（4人分）

木綿豆腐……………½丁
塩蔵わかめ（もどしたもの）‥30g
長ねぎ……………¼本
削り節……………10～15g
熱湯……………3と½カップ
みそ……………大さじ3～4

材料の切り方は

＊長ねぎの小口切り→172ページ

1 切る

豆腐は縦半分に切ってから、1㎝幅に切る。わかめは水でもどしてすじをとり、一口大に切る。長ねぎは薄い小口切りに。

2 だし汁を作る

耐熱ボウルに削り節を入れ、分量の熱湯を注いでそのまま2～3分置く。

鍋にこし網を通してこし入れる。これで、だし汁のできあがり。ボウルにだし汁½カップをとって、みそをダマのないように溶く。

3 火を通す

だし汁を中火にかけ、煮立ってきたらわかめと長ねぎ、豆腐を加えて1～2分煮る。

4 味つけ

再びふわっと煮立ってきたら、溶いたみそを加える。みそは煮立ててしまうと香りがとんでしまうので、煮立つ直前に火を止める。

なめことみつば

材料（4人分）

なめこ１袋はサッと洗い、みつば⅓束は細かく切ります。右ページの2と同様に作り、だし汁を中火で煮立てたら、なめこを加えてひと煮。溶いたみそを加えて最後にみつばを散らし、沸騰直前で火を止めます。

大根と油揚げ

材料（4人分）

大根⅒本（100g）と油揚げ½枚はそれぞれ太めのせん切りに。右ページの2と同様に作り、だし汁を中火で煮立てたら、大根と油揚げを加えて２～３分煮ます。溶いたみそを加え、沸騰直前で火を止めます。

キャベツとにんじん

材料（4人分）

キャベツ２枚はざく切りにし、にんじん５㎝はせん切りに。右ページの2と同様に作り、だし汁を中火で煮立てたら、キャベツとにんじんを加えて１～２分煮ます。溶いたみそを加え、沸騰直前で火を止めます。

岩のりとしょうが

材料（4人分）

しょうが１かけはすりおろします。右ページの2と同様に作り、だし汁を中火で煮立てます。溶いたみそを加えて沸騰直前で火を止め、岩のりふたつかみを加えて器に盛ります。しょうがをのせてどうぞ。

きゅうりとみょうが

材料（4人分）

きゅうり１本は縦半分に切って種をとり、斜め薄切りに。みょうが３個は小口切りに。右ページの2と同様にきゅうりをひと煮します。溶いたみそとみょうがを加えて、沸騰直前で火を止めます。

長いもと削り節

材料（4人分）

長いも100ｇは５㎜厚さに切って粗くたたきます。右ページの2と同様に作り、だし汁を中火で煮立てたら、長いもを加えます。再び煮立ってきたら溶いたみそを加え、沸騰直前で火を止めて、削り節をのせます。

けんちん汁

豆腐は“煮すぎない”こと！あとから加えることでこんなにふわっとやわらかい

35分

材料（4人分）

- 大根……1/6本（150g）
- にんじん……1/2本
- 長ねぎ……10㎝
- こんにゃく……1/2枚
- 焼き豆腐……1丁
- 水……5カップ
- しょうゆ……大さじ2と1/2
- みりん……大さじ1
- 塩……小さじ1
- 七味唐辛子……少々
- ごま油……大さじ2

材料の切り方は

＊大根・にんじんのいちょう切り→173ページ
＊長ねぎの小口切り→172ページ
＊こんにゃくの一口大→173ページ

1 切る

大根とにんじんは皮をむいて、5㎜厚さのいちょう切りにする。長ねぎは薄い小口切りにする。

こんにゃくはスプーンで一口大に切り、熱湯で2分ゆでる。焼き豆腐は一口大にちぎり、キッチンペーパーの上にのせて水けをきる。

2 炒める

鍋にごま油を中火で熱し、こんにゃく、大根、にんじんの順に加えて炒める。

3 アクとり

全体に油がまわったら、分量の水を加えて中火で煮る。煮立ったらアクをすくいとり、弱火にして15分煮る。

4 味つけ

しょうゆとみりん、塩を加えて調味し、豆腐も加えてさらに弱火で10分煮る。火を止めて器に盛り、長ねぎをのせて、七味唐辛子をふる。

豚汁

まず、ごぼうを炒めて“味出し”
みそを加えて少し火を通すと
味がよくなじみますよ

35分

材料（4人分）

豚肩ロース薄切り肉	150g
ごぼう	1本
にんじん	1/2本
長ねぎ	1本
こんにゃく	1/2枚
水	5カップ
みそ	大さじ5
酒	大さじ2
しょうゆ	大さじ1
サラダ油	大さじ2

材料の切り方は

＊にんじんの短冊切り→173ページ
＊長ねぎの小口切り→172ページ

1 切る

ごぼうは皮をこそげとり、ささがきにして水にさらす。にんじんは5㎝長さの薄い短冊切りにし、長ねぎは1㎝幅の小口切りにする。

こんにゃくは1㎝厚さの短冊に切り、熱湯で2分ゆでる。豚肉は3〜4㎝長さに切る。

2 炒める

鍋にサラダ油を中火で熱し、水けをきったごぼう、にんじん、豚肉、こんにゃくの順に加えて炒める。

3 アクとり

全体に油がまわったら分量の水を注ぎ入れて、中火で煮立てる。アクをすくいとり、弱火にして15分煮る。

4 味つけ

みそを酒としょうゆで溶いてから加え、長ねぎも加えて、さらに弱火で10分煮る。

中華風
かき卵スープ

卵を細くまわし入れたら、そのまま30秒！
それから箸で“静かに”ほぐすと
だんごにならずにやわらか〜い

10分

材料（4人分）

ニラ		½束
長ねぎ		½本
A	水	4カップ
	鶏ガラスープの素	大さじ1
	塩	小さじ½
B	片栗粉	小さじ2
	水	小さじ4
卵		1個
ごま油		大さじ1

材料の切り方は

＊長ねぎの斜め薄切り→172ページ

切る 1

ニラは5㎝長さに切り、長ねぎは斜め薄切りにする。

炒める 2

鍋にごま油を中火で熱して1を加え、油がまわる程度にサッと炒めて**A**を加える。

とろみづけ 3

煮立ったら中火のまま1分煮て、よく混ぜた**B**をまわし入れる。とろっとするまで混ぜながら火を通す。

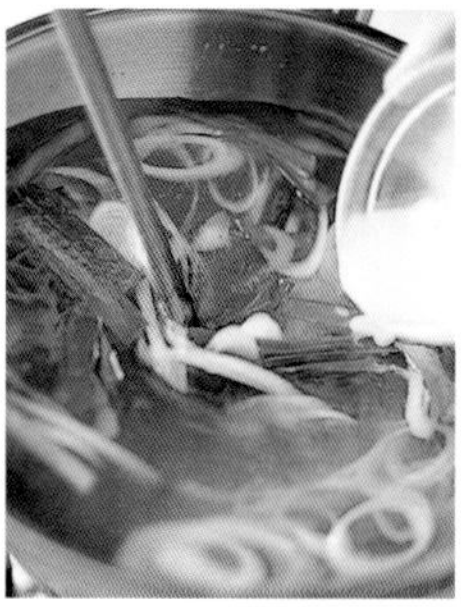

卵をまわし入れる 4

卵を溶いて、箸に伝わらせながら細くまわし入れ、30秒そのまま待つ。卵を静かに混ぜ、火が通ったら完成。

PART 4

主菜を引き立てて、バランスも満点！

野菜いっぱいの副菜

“シャキシャキッ”“ほくほく”“こっくり”
いろんな歯ごたえと味わいを持つ副菜は、
主菜をよりおいしくする立役者です。
ボリュームや味つけを考えて、副菜を組ませるのがコツ。
レパートリーをいっぱい増やして、
栄養・味ともにバランスよく取り合わせましょう。
材料違い、味違いでもう１品作れるアイデアも満載で、
今日から献立作りに困りませんよ。

ほうれんそうのおひたし

根のほうから入れて“ひと呼吸”
葉を沈めたら“40～50秒”
これがシャキッと色よくゆでるコツ

材料（4人分）

ほうれんそう……1束（300g）
塩……小さじ1
A［水……$\frac{1}{4}$カップ
　 削り節……5g
しょうゆ……大さじ1

材料違いでもう1品!

小松菜のおひたし

●作り方（4人分）　小松菜1束は洗って根を切り、ほうれんそうと同様に根のほうからゆでます。冷水にとったら水けを絞り、バットにのせてほうれんそうのおひたしと同様に仕上げます。

1 だしじょうゆを作る

耐熱容器に**A**を合わせ、ラップをしないで電子レンジで1分加熱する。このだしを、こしながらしょうゆに加える。

2 ゆでる

ほうれんそうは根を切り、茎が太いものは十文字の切り込みを入れて洗う。たっぷりの熱湯に塩を加え、根のほうから入れる。

3 冷水にとる

ひと呼吸おいて全体を沈め、40～50秒ゆでたらすぐに冷水にとって洗い、アク抜きする。根のほうをそろえて束ね、水けを絞る。

4 味つけ

バットにのせて1の半量をふりかける。さらに汁けを絞って食べやすい長さに切り、器に盛って残りのだしじょうゆをかける。

きゅうりとわかめの酢のもの

ギュッと手で塩もみするより塩水につけるこの方法がベストきゅうりの歯ごたえ&風味が段違い

材料（4人分）

	きゅうり	2本
	塩蔵わかめ（もどしたもの）	60g
	ちりめんじゃこ	大さじ2
A	塩	小さじ½
A	水	大さじ2
B	酢	大さじ2
B	砂糖	小さじ2
B	薄口しょうゆ	小さじ2

材料の切り方は

＊きゅうりの小口切り→172ページ
＊大根のいちょう切り→173ページ

材料違いでもう1品!

大根とかまぼこの酢のもの

●作り方（4人分）　大根5㎝（200ｇ）は薄いいちょう切りにして塩もみし、水洗いして水けを絞ります。かまぼこ⅓板は薄切りに。じゃことわかめは下記と同様に用意し、**B**の調味料であえます。

1 塩と水をふる

きゅうりは板ずりして水で洗い、2㎜厚さの小口切りにし、**A**をかけて15分ほど置く。サッと洗って水けを絞る。

2 わかめをもどす

わかめは塩を洗い落としてから、5分ほど水につけてプリッとするまでもどす。堅いすじをとり、一口大に切る。

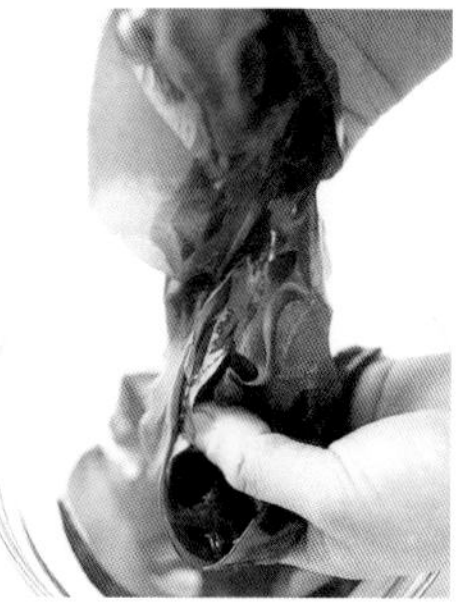

3 じゃこを洗う

ちりめんじゃこは余分な生臭さと塩分を除くため、サッと水にくぐらせて水けを絞る。

4 あえる

Bをボウルに入れて混ぜ、きゅうりとわかめ、じゃこを加えてあえ、軽く汁をきって器に盛る。

キャベツの浅漬け

塩をふって重しをのせたら30分！
時間をかけて自然に水分を出すから
野菜の甘みがホントに生きてます

材料（4人分）

キャベツ	3～4枚（300g）
きゅうり	1本
しょうが	1かけ
青じそ	10枚
塩	小さじ1
白刻みごま	少々

材料の切り方は

＊キャベツ・しょうが・
青じそのせん切り→172ページ
＊きゅうりの小口切り→172ページ

材料違いでもう1品!

白菜の浅漬け

●作り方（4人分）　白菜4枚（400g）は1㎝幅の短冊切りにします。しょうがと青じそはキャベツの浅漬けと同様に切り、あとは同じように塩漬けにします。ソフトな歯ごたえの浅漬けに。

1 野菜を切る

キャベツは芯をとって太めのせん切りにし、きゅうりは板ずりしてから、薄い小口切りにする。

2 薬味を切る

しょうが、青じそはせん切りにする。青じそは2～3枚ずつ重ね、クルクル巻いて端から刻むとやりやすい。

3 塩をふる

ボウルに1と2を合わせ、塩をふって全体をざっくりと混ぜる。

4 重しをする

ラップをかぶせて1kgくらいの重しをのせ、30分ほど置く。軽く水けを絞り、刻みごまを混ぜる。

いんげんのごまあえ

先に塩をまぶしてゆでるから
ごまだれのなじみがバツグン
面倒でも、ごまは刻んで使って！

材料（4人分）

	さやいんげん	250g
	塩	小さじ1
	しょうゆ	小さじ1
A	白いりごま	大さじ3
A	砂糖	大さじ1
A	しょうゆ	大さじ1

材料違いでもう1品！

春菊のごまあえ

●作り方（4人分）　たっぷりの熱湯に塩小さじ1を加え、春菊1束を30～40秒ゆでます。冷水にとり、水けを絞って長さを3等分にし、下記の要領で**A**であえます。

1 塩をまぶす

さやいんげんは洗って塩をまぶし、たっぷりの熱湯で2～3分ゆでる。冷水にとってさまし、水けをきる。

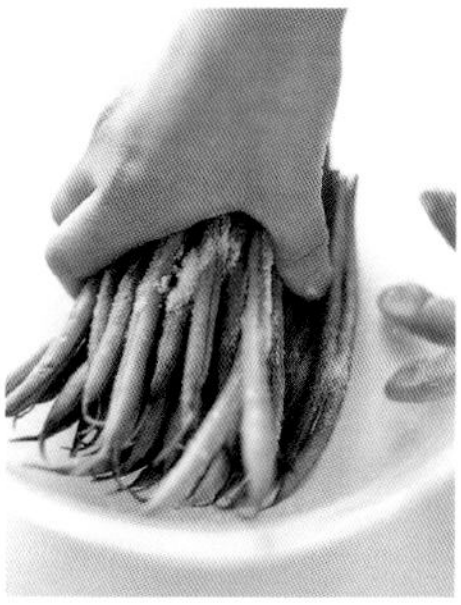

2 下味つけ

1を食べやすい長さに切ったら、しょうゆをふりかけ、全体にからめて下味をしっかりつける。

3 ごまを刻む

Aのいりごまは弱火で2～3分いり、キッチンペーパーの上で細かく刻む。市販の刻みごまでもいいが、いりごまを直前に刻むと香り高い。

4 あえる

ボウルに3と残りの**A**を入れてよく混ぜ、汁けをきったさやいんげんを加えてあえる。

れんこんの甘酢

甘酢で煮るのはたったの30秒！すぐにバットに広げてさますとパリッとして味がじっくり

材料（4人分）

れんこん……大1節（250g）

A
- 酢……2/3カップ
- 水……1/2カップ
- 砂糖……大さじ5
- 塩……大さじ1/2
- 赤唐辛子の小口切り……1本分

材料の切り方は

＊れんこんの輪切り→172ページ
＊大根・にんじんのせん切り→172ページ

材料違いでもう1品!

大根とにんじんのなます

●作り方（4人分）　大根12cm（450g）とにんじん1/4本は太めのせん切りにし、小さじ1の塩をふってもみます。水洗いして水けを絞り、上記の**A**をよく混ぜ合わせてあえます。

1 水に放す

れんこんは皮をむいて、ごく薄い輪切りにする。変色を防ぐため、切ったそばから水に放す。

2 甘酢を作る

鍋に**A**を入れ、中火にかける。広口の鍋のほうが、れんこんが広がるので味がからまる。

3 サッと煮る

煮立ったら、水けをきったれんこんを加える。再び煮立ったら30秒ほど煮て、火を止める。

4 さます

3を煮汁ごとバットにあけ、平たく広げる。そのまましばらく置いてさまし、味をしみ込ませる。

わけぎのぬた

酢みそがさわやかでおいしい！ 上手に作るコツはただひとつ ゆでたら中のヌメリをしごき出すこと

材料（4人分）

- わけぎ（または万能ねぎ）……1束（200g）
- 塩……小さじ1
- 塩蔵わかめ（もどしたもの）……50g
- かまぼこ……½板
- A
  - みそ……大さじ2
  - 酢……大さじ3
  - 砂糖……大さじ½
  - 薄口しょうゆ……大さじ½
- 練りがらし……小さじ½

材料の切り方は

＊かまぼこの薄切り→173ページ

材料違いでもう1品!

ニラのぬた

●作り方（4人分）　ニラ１束はわけぎと同様にして30秒ほどゆで、食べやすい長さに切ります。もどしたわかめ50gと小さく切った笹かまぼこ2枚分とともに、下記の酢みそであえます。

1 ゆでる

わけぎは根をとって半分に切り、輪ゴムなどで束ねる。熱湯に塩を加えて根のほうから入れ、10秒ほどたったら全体を沈め、30～40秒ゆでる。

2 ヌメリをとる

すぐ冷水にとり、まな板にのせて包丁の背で中のヌメリをしごき出し、5㎝長さに切る。

3 すじをとる

わかめは塩を洗い落とし、5分ほど水につけてもどす。手で堅いすじをとって一口大に切る。かまぼこは薄切りに。

4 酢みそ作り

鍋に**A**を入れて弱火にかけ、絶えずかき混ぜながらひと煮する。ボウルにあけてさまし、練りがらしを混ぜて2と3をあえる。

長いもの梅あえ

サクッとした食感が身上の長いもは
繊維に沿って切ることが肝心！
梅と青じその風味が最高ですよ

材料（4人分）

長いも……7㎝（200g）
梅干し……2個
A しょうゆ……大さじ½
A みりん……大さじ½
A 水……大さじ½
青じそ……8枚

材料の切り方は

＊青じそのせん切り→172ページ

材料違いでもう1品!

きゅうりの梅あえ

●作り方（4人分）　きゅうり2本は板ずりし、太めのせん切りにして器に盛ります。長いもの梅あえと同様にして梅だれを作り、きゅうりにのせていただきます。

1 皮をむく

長いもは皮をむき、サッと水にさらしてアクを抜く。皮はピーラーを使うと簡単に薄くむける。

2 薄く切る

長いもを3～4㎝長さに切り、繊維に沿って5㎜厚さに切る。ぬらしたキッチンペーパーを敷くと、すべらずに切れてラク。

3 せん切りにする

さらに長いもを端からせん切りにする。細めに切ると口あたりがよくなる。

4 梅だれ作り

梅干しは種をとって包丁でたたき、**A**と混ぜる。長いもを器に盛り、梅だれと青じそのせん切りをのせる。

小松菜のからしあえ

**火の通りを均一にするため
太い茎には十文字の切り込みを！
途中で下味をつけるのも隠しワザ**

材料（4人分）

小松菜…………1束(300g)
塩………………小さじ1
A［しょうゆ…大さじ1と½
　 練りがらし……小さじ1

材料違いでもう1品!

菜の花のからしあえ

●作り方（4人分）　たっぷりの熱湯に塩小さじ1を加え、菜の花1束を1分ほどゆでます。冷水にとって水けを絞ったら、小松菜のからしあえと同様にして**A**であえます。

1 切り込みを入れる

小松菜は根を切り落とし、茎が太いものは十文字の切り込みを深く入れる。たっぷりの熱湯に塩を加え、根のほうから入れる。

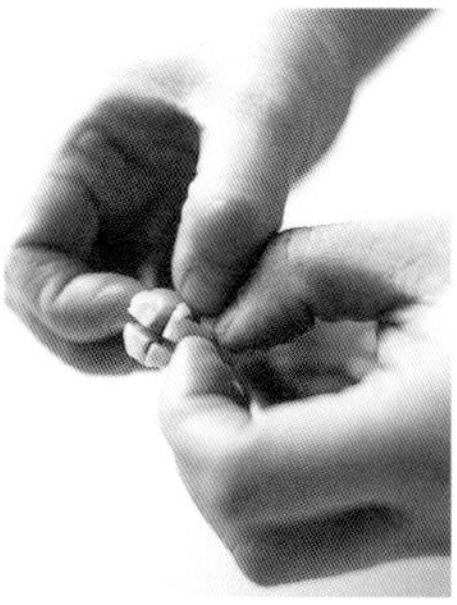

2 ゆでる

ひと呼吸おいて全体を沈め、10秒たったら上下を返す。さらに30～40秒ゆでてすぐに冷水にとって洗い、根のほうをそろえて水けを絞る。

3 下味つけ

Aを合わせ、半量を2の小松菜にからめる。汁けを絞り、食べやすい長さに切る。

4 あえる

小松菜を残りの**A**であえて、器に中高に盛る。もみのりを散らしてもおいしい。

豆腐のサラダ

シンプルな取り合わせでも
ごま油の効いたたれで味わい新鮮
たれは食べる直前にかけて！

材料（4人分）

絹ごし豆腐……………1丁
きゅうり……………1本
トマト……………1個
塩蔵わかめ（もどしたもの）…50g

A
- 和風だしの素…ひとつまみ
- ぬるま湯……大さじ1
- しょうゆ……大さじ2
- 酢……大さじ3
- サラダ油……大さじ1
- ごま油……小さじ½

材料の切り方は

＊きゅうりのせん切り→172ページ

Q&A

木綿豆腐でも同じように作れますか？

木綿豆腐は特有の大豆臭さがあるので、同じように切って使うのはおすすめできません。まず、サッと洗ったらキッチンペーパーにのせ、手で細かくつぶしてしまいます。水けをふいたら、あとはほかの材料とたれであえるだけ。

1 材料を切る

きゅうりは斜め薄切りにしてから、せん切りにする。トマトはヘタをとって縦6つ割りにし、さらに半分に切る。

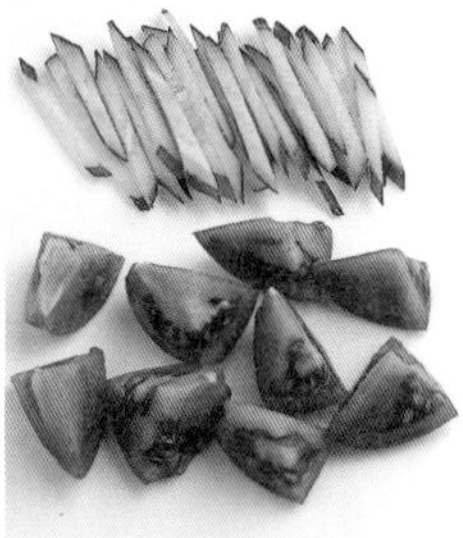

2 豆腐を切る

豆腐は水けをふき、10～12等分の角切りにする。

3 わかめをもどす

わかめはたっぷりの水につけてもどす。ふっくらして、爪が入るくらいになったらすじをとり、食べやすく切る。

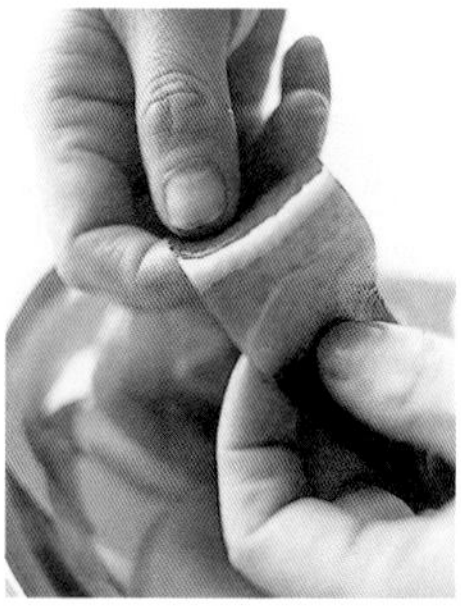

4 たれ作り

Aのだしの素をぬるま湯で溶き、しょうゆ、酢、サラダ油、ごま油を加えてよく混ぜる。1～3の材料を合わせ、たれであえる。

ポテトサラダ

**ゆでたら熱いうちに
酢や油で下味つけ！
マヨネーズがしっかりしみて
じゃがいもがポックポク**

材料（4人分）

じゃがいも	4個（正味500g）
玉ねぎ	½個
きゅうり	1本
塩	小さじ½
A 酢	大さじ1
A サラダ油	大さじ1
A 塩	少々
マヨネーズ	¼～⅓カップ

材料の切り方は

＊じゃがいもの角切り→173ページ
＊玉ねぎ・きゅうりの薄切り→173ページ

材料違いでもう1品！

かぼちゃサラダ

●作り方（4人分）　かぼちゃ¼個は種をとって2㎝角に切り、ラップに包んで電子レンジで7～8分加熱します。熱いうちに上記の**A**で下味をつけ、あら熱がとれたらマヨネーズであえます。

1 材料を切る

じゃがいもは2㎝角に切り、水にさらす。玉ねぎときゅうりは薄切りにして塩をふり、10分置いて洗い、水けをギュッと絞る。

2 ゆでる

鍋にじゃがいもとひたひたの水を入れて煮立て、やわらかくゆでる。湯を捨てて再び中火にかけ、鍋を揺すって粉をふかせる。

3 下味つけ

すぐにじゃがいもをボウルに入れ、熱いうちに**A**をふって混ぜる。

4 あえる

あら熱がとれたら玉ねぎときゅうり、マヨネーズを加え、まんべんなく混ぜる。

ごぼうサラダ

堅くて味がしみにくいごぼうは いきなりマヨネーズであえるのはNG! 先にしょうゆなどで味のベース作りを

材料(4人分)

ごぼう	1本(200g)
にんじん	1/3本
しょうゆ	大さじ2
砂糖	大さじ1/2
マヨネーズ	1/3カップ
一味唐辛子	少々

材料の切り方は

＊ごぼうのくし形切り→173ページ
＊にんじんのせん切り→172ページ

味違いでもう1品!

ごぼうのしょうゆ漬け

●作り方(4人分) ごぼうとにんじんは上記と同様にゆでて、水けをきります。これを、しょうゆ大さじ3、砂糖大さじ½、酢大さじ2、ごま油大さじ1、一味唐辛子少々を合わせた中に漬けます。

1 材料を切る

ごぼうはタワシで洗って5～6㎝長さに切り、縦6つ割り(くし形切り)にして水にさらす。にんじんは太めのせん切りにする。

2 ゆでる

鍋に湯を沸かし、ざるににんじんを入れて1分ゆで、引き上げる。次に水けをきったごぼうを入れて、2分ゆでる。

3 下味つけ

2の水けをきってすぐにボウルに入れ、熱いうちにしょうゆと砂糖をからめる。

4 あえる

あら熱がとれたら軽く汁けをきり、マヨネーズを加えて混ぜ合わせる。器に盛って一味唐辛子をふる。

マカロニサラダ

マカロニや鶏肉、卵が入った ボリューム満点のおかずサラダ 肉は香ばしく焼いてアクセントに!

材料(4人分)

マカロニ	100g
塩	小さじ1
ゆで卵	1個
玉ねぎ	1/4個
サニーレタス	2〜3枚
鶏もも肉	1枚
塩・コショウ	各少々
A マヨネーズ	1/2カップ
A トマトケチャップ	大さじ1
サラダ油	大さじ1

材料の切り方は

＊玉ねぎの薄切り→173ページ

味違いでもう1品!

マカロニサラダ カレー風味

●作り方(4人分) マカロニと鶏肉、ゆで卵、玉ねぎ、サニーレタスは、下記と同じように下ごしらえをします。マヨネーズ1/2カップとカレー粉大さじ1/2を混ぜて、材料をあえれば完成。

1 材料を切る

ゆで卵は殻をむいて粗く刻み、玉ねぎは薄切りに、サニーレタスは手で小さくちぎる。

2 鶏肉を焼く

鶏肉は塩とコショウをふり、サラダ油で皮のほうから中火で2分焼き、返して2分焼く。ふたをして弱火で7〜8分焼き、小さく切り分ける。

3 マカロニをゆでる

鍋に水1ℓを沸騰させて塩を加え、マカロニを入れて、再び沸騰するまで箸で混ぜる。表示時間より1分長くゆでて水にとり、ざるに上げる。

4 あえる

ボウルにサニーレタス以外の材料を合わせて**A**であえ、食べる直前にサニーレタスを混ぜる。

焼き野菜のマリネ

にんにくをカリッと焼きつけて油にいい香りを移すのが決め手！野菜の甘さが存分に楽しめます

材料（4人分）

グリーンアスパラ……2束（10本）
赤と黄色のパプリカ……各$\frac{1}{2}$個
にんにく……2片
A
- 塩……小さじ$\frac{2}{3}$
- 水……大さじ1
- 酢……大さじ1
- ドライミックスハーブ……小さじ$\frac{1}{2}$

オリーブオイル……$\frac{1}{3}$カップ

材料の切り方は

＊にんにくの薄切り→173ページ

材料違いでもう1品！

焼きなすのマリネ

●作り方（4人分）　なす3～4個は一口大に切り、塩小さじ$\frac{1}{2}$をふって5分置き、水けをふいてオリーブオイル$\frac{1}{3}$カップでよく炒めます。下記のように炒めたにんにくと混ぜて**A**であえます。

材料を切る 1

グリーンアスパラは根元の堅い部分をむき、3つに切る。パプリカは2cm角に切り、にんにくは薄切りにする。

にんにくを炒める 2

フライパンにオリーブオイルとにんにくを入れて中火にかけ、香りが出てこんがりするまで炒めたら、バットに移す。

野菜を炒める 3

2のフライパンでグリーンアスパラとパプリカを中火で炒め、表面にうっすらと焼き色がついたら、にんにくのバットに移す。

漬ける 4

小さなボウルに**A**を合わせて混ぜ、3にまわし入れて全体になじむようにあえる。30分くらい置くといい。

ピクルス

**コリッとした食感もおいしさのうち！
だから、野菜は直接ピクルス液に入れ
サッと火を通すだけでOK**

材料（4人分）

	カリフラワー	½株(250g)
	にんじん	½本
A	酢	½カップ
	水	¼カップ
	白ワイン	¼カップ
	塩	小さじ2
	砂糖	小さじ2
	にんにくの薄切り	大さじ1
	赤唐辛子の小口切り	½本分
	ローリエ	1枚

Q&A

ほかにどんな野菜で作れるの？

水分の少ない野菜なら何でもOKです。きゅうり2本とセロリ1本、パプリカ1個を一口大に切り、下記の2～4まで同様に作って、ミックスピクルスにしてもいいでしょう。たくさん作って保存しても。

1 材料を切る

カリフラワーは小房に分け、大きければ半分に切る。にんじんは1㎝角・3㎝長さの棒状に切る。

2 ピクルス液を作る

鍋に**A**の材料を合わせて中火にかけ、1分煮立てる。これで、にんにくと赤唐辛子から風味が出る。

3 サッと煮る

カリフラワーとにんじんを2に加え、上下を返して再び煮立てる。ここであまり火を通さず、生っぽく仕上げる。

4 漬ける

火からおろしてボウルにあけ、あら熱がとれたら冷蔵庫で30分ほど味をなじませる。1日置くとさらにおいしい。

焼きなす

油で皮がシワシワになるまで
強火でジャッと焼きつけて！
コクがついて色よくできます

材料（4人分）

- なす……………………6〜8個
- しょうゆ………………大さじ2
- しょうがのすりおろし……1かけ分
- サラダ油………………大さじ1

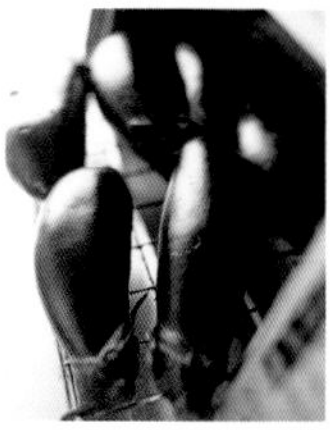

Q&A

オーブントースターでも焼けるの？

オーブントースターでも上手に作れますが、焦げないように上下を返しながら焼くようにします。そのとき熱が直接あたるように、天板をとって網にのせるのがコツ。15分も焼けば、ふっくらと完成。

1 切り込みを入れる

なすは洗って水けをふき、縦に2〜3か所の切り込みを入れる。こうすることで、焼いたときに膨張して割れるのが防げる。

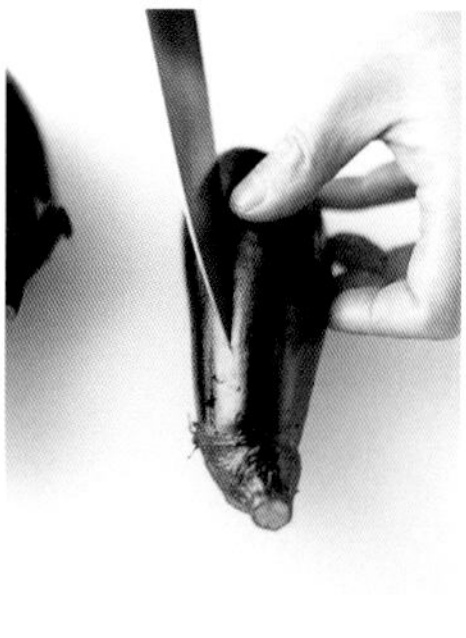

2 焼く

フライパンにサラダ油を熱してなすを入れ、ふたをして3分、裏返してさらに3分焼く。火加減は強火で。

3 皮をむく

皮がシワシワになり、竹串を刺してスッと通るようになったらＯＫ。冷水にとって手早くヘタのほうから皮をむく。

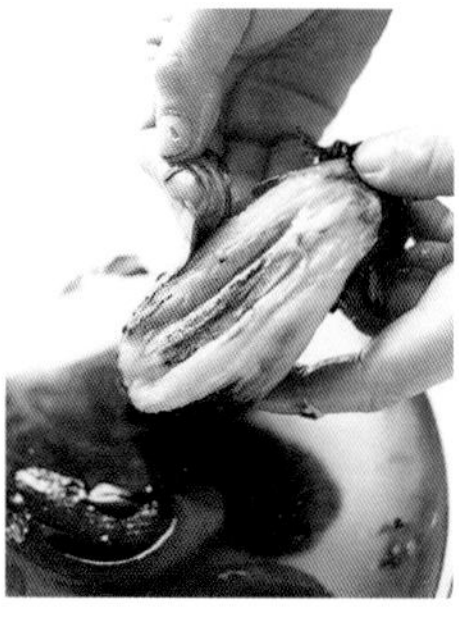

4 冷やす

バットに並べ、しょうゆをふって冷蔵庫で冷やす。ヘタをとって縦4〜6つに切り、皿に盛ってしょうがを添え、好みでしょうゆをかける。

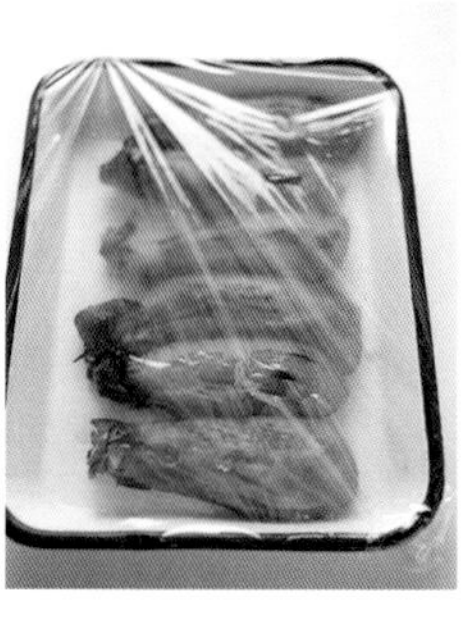

なすとピーマンのなべしぎ

甘辛いみそ味でごはんがすすむ！なす→ピーマンの順に炒めてムラなく火を通すのが大切

材料（4人分）

なす		3個
塩		小さじ1/3
ピーマン		3個
A	みそ	大さじ2
	砂糖	大さじ1
	しょうゆ	大さじ1
ごま油		大さじ2

材料の切り方は

＊なす・ピーマンの乱切り
→172ページ

Q&A

みそ味以外でもおいしい味つけはある？

あっさりと仕上げたいなら、しょうゆ味がおすすめ。甘辛いみそ味とはひと味違う、シャキッとしたおいしさです。調味料はしょうゆ大さじ３と砂糖大さじ１。下記のプロセス4でこれを加えて仕上げます。

なすに塩をふる 1

なすは乱切りにして塩をふり、２～３分置いてアク抜きをする。出てきた水けをキッチンペーパーでしっかりふきとる。

ピーマンを切る 2

ピーマンも乱切りに。種のまわりをそぐように切る。

炒める 3

フライパンにごま油を熱し、最初になすを炒め、油がまわったらピーマンを加える。しんなりするまで炒める。

味つけ 4

あらかじめ合わせておいた**A**をまわしかけ、水分をとばすように炒める。

ニラの卵とじ

ふんわりとした半熟状にするには
卵を2回に分けて入れます
野菜によくからまって、口あたりもソフト

材料（4人分）

ニラ	1束
にんじん	1/4本
生しいたけ	4個
A 水	3/4カップ
A 酒	大さじ2
A 砂糖	大さじ2
A 薄口しょうゆ	大さじ2
卵	3個

材料の切り方は

＊にんじんの短冊切り→173ページ
＊生しいたけの薄切り→173ページ

材料違いでもう1品!

にんじんとみつばの卵とじ

●**作り方**（4人分）　みつば2束は4cm長さに切り、にんじんと生しいたけは下記と同様に切ります。作り方はプロセス2～4まで同様に。みつばの香りがいい卵とじです。

1 野菜を切る

ニラは3～4cm長さに切り、にんじんは3～4cm長さの短冊切りにする。生しいたけは薄切りにする。

2 煮る

フライパンに**A**を煮立て、にんじん、生しいたけ、ニラの順に加える。上下を返し、2分ほど中火で煮る。

3 卵でとじる

卵を溶きほぐして半量をまわし入れ、強火にする。卵を半分ずつ入れるのは、火の通しすぎを防いで、ふんわりと仕上げるため。

4 さらに卵でとじる

全体が固まってきたら、残りの卵を周囲にまわし入れ、ふたをして、火を止める。余熱で半熟になるまでそのまま蒸らす。

小松菜と油揚げのサッと煮

しょうゆを使わない、あっさり味だから、緑鮮やかに仕上げます ポイントは茎→葉の順に煮るにアリ！

材料（4人分）

	小松菜	1束（300g）
	油揚げ	1枚
A	水	1カップ
A	酒	大さじ2
A	砂糖	小さじ2
A	塩	小さじ½

材料違いでもう1品！

チンゲンサイとじゃこのサッと煮

●作り方（4人分）　チンゲンサイ2株は3～4㎝長さに切り、茎と葉に分けておきます。上記の**A**を煮立ててちりめんじゃこ½カップを加え、さらにチンゲンサイの茎、葉の順に入れて5分煮ます。

1 小松菜を切る

小松菜は洗って根を切り落とし、茎の太いものは半分に切るか、十文字の切り込みを入れる。3～4㎝長さに切り、葉と茎に分けておく。

2 油抜き

油揚げは、ざるにのせて熱湯をまわしかけ、余分な油を落とす。水けを絞り、細切りにする。

3 煮る

鍋に**A**を入れて煮立て、油揚げを加える。弱火で7～8分じっくりと煮て、油揚げに味を含ませて。

4 小松菜を加える

小松菜を茎、葉の順に加え、上下を返しながらさらに5～6分煮る。小松菜がやわらかくなればできあがり。

ひじきの煮もの

芽ひじきを使うと見た目よく
短時間でできあがります
ごま油で炒めて風味よく！

材料（4人分）

芽ひじき（乾燥）	20g
油揚げ	1枚
にんじん	1/4本
A しょうゆ	大さじ2
A 砂糖	大さじ1
A 酒	大さじ1
A 水	1/2カップ
ごま油	大さじ1/2

材料の切り方は

＊油揚げ・にんじんの短冊切り
→173ページ

Q&A

ひじきってどのくらい増えるの？

乾燥ひじきを水でもどしたら、すごい量になっちゃって…。そんな失敗がないように、約5倍に増えることを頭に入れておきましょう。写真下はもどす前で、上はもどした状態。こんなに増えるんですよ。

1 ひじきをもどす

耐熱ボウルに2カップの水を入れ、芽ひじきを加えてラップをかぶせ、電子レンジで5分加熱。ざるに上げて水けをきっておく。

2 材料を切る

油揚げは熱湯をかけて油抜きし、水けを絞って短冊切りにする。にんじんも油揚げの大きさにそろえて短冊切りに。

3 炒める

鍋にごま油を熱し、ひじきとにんじんを中火で炒める。油がまわったら、油揚げを加えて炒め合わせ、**A**の調味料を加える。

4 煮る

火を弱めて水でぬらしたキッチンペーパーをかぶせ、7～8分煮る。煮汁が少なくなったら、上下を返して味をなじませる。

切り干し大根の煮もの

**電子レンジで5分加熱すれば
切り干し大根がパリッともどります
即席の昆布汁でうまみもしっかり！**

材料（4人分）

切り干し大根（乾燥）	50g
┌昆布	2㎝
└水	1カップ
にんじん	½本
生しいたけ	6個
しょうゆ	大さじ3
砂糖	大さじ2
サラダ油	大さじ1

材料の切り方は

＊にんじんの半月切り
→173ページ
＊生しいたけの薄切り→173ページ

Q&A

切り干し大根の洗い方は？

ボウルにたっぷりの水を張って切り干しを入れ、手でつかむようにして洗います。写真のように泡が出て、水が白濁します。これがアク！　よく水を絞ってから料理に使います。洗うのはこの１回で十分。

1 切り干しをもどす

切り干し大根は水でもみ洗いして絞る。耐熱ボウルに1カップの水と切り干しを入れ、ラップをして電子レンジで５分加熱。水けを固く絞る。

2 下準備

昆布は細切りにし、分量の水に10分つける。にんじんは3㎜厚さの半月切り、生しいたけは石づきをとって薄切りにする。

3 炒める

鍋にサラダ油を熱して、にんじん、切り干し、生しいたけの順に炒め、昆布を汁ごと加えて煮立てる。

4 煮る

アクをとってしょうゆ、砂糖を加え、弱火で15分煮る。煮汁が少なくなったら火を止め、上下を返して味をなじませる。

かぼちゃの煮もの

“皮を下にして並べる”
“煮上がるまで返さない”
ど～です、このほっくりとした形のよさ！

材料（4人分）

かぼちゃ‥‥1/3個（600～700g）

A
- 水‥‥‥‥‥‥‥‥‥‥‥1カップ強
- 砂糖‥‥‥‥‥‥‥‥‥‥大さじ3
- しょうゆ‥‥‥‥‥‥‥大さじ3

材料の切り方は

＊かぼちゃの一口大→173ページ

味違いでもう1品！

かぼちゃのいとこ煮

●**作り方**（4人分）　かぼちゃの煮ものの1から4まで同様に作り、煮上がったら火を止めて、市販のゆであずき1/4カップを加えて混ぜます。あずきの甘さと食感がマッチ！

切る

1

かぼちゃはスプーンで種を取り除き、ところどころ皮をむいて一口大に切る。皮を少し残しておくことで、煮くずれしにくくなる。

煮る

2

フライパンに**A**を入れて煮立て、かぼちゃの皮を下にして並べる。

紙ぶたをする

3

再び煮立ったら弱火にし、水でぬらしたキッチンペーパーをかぼちゃに密着させるようにかぶせて煮る。途中上下に返さなくてもいい。

煮上がり

4

10～15分煮ると汁がほとんどなくなり、やわらかく煮上がる。

きんぴら ごぼう

切るのがラク、持ち味が生きる だからごぼうは長めの乱切りに！ よく炒めると、中まで味がじんわり

材料（4人分）

ごぼう		1本（180g）
にんじん		$\frac{1}{3}$本
A	白刻みごま	大さじ1
	砂糖	大さじ1強
	しょうゆ	大さじ3
	一味唐辛子	少々
ごま油		適量

材料の切り方は

＊ごぼうの乱切り→172ページ
＊にんじんのせん切り→172ページ

材料違いでもう1品!

れんこんのきんぴら

●作り方（4人分）　れんこん大1節（250g）は薄い半月切りにして、水にさらします。ごま油大さじ1でれんこんを炒め、下記と同様にAを加えて水分がなくなるまで炒め、ごま油少々を加えます。

1 野菜を切る

ごぼうはタワシで皮をこそげ落とし、5㎝長さの乱切りにして水に2～3分さらす。にんじんは太めのせん切りに。

2 炒める

フライパンにごま油大さじ1を熱し、水けをふいたごぼうを強火で2～3分炒める。透き通ってきたら、にんじんを炒め合わせる。

3 味つけ

全体に油がまわったら、合わせておいたAを入れ、水分をとばすように炒める。焦げつくようなら火を弱めにして。

4 ごま油を加える

仕上げにごま油少々を加え、ひと混ぜして火を止める。最後に加えることで、コクと香りがつく。

五目煮豆

ゆで大豆を使うととってもお手軽
材料は豆の大きさに切りそろえると
ふっくらしみじみ煮上がります

材料（4人分）

ゆで大豆		150g
ごぼう		1/2本（90g）
生しいたけ		6個
にんじん		1/2本
ゆでたけのこ		100g
水		3/4カップ
A	しょうゆ	大さじ3
	砂糖	大さじ3
	酒	大さじ2
ごま油		大さじ1

材料の切り方は

＊ごぼうの小口切り→172ページ
＊生しいたけ・にんじん・ゆでたけのこの角切り→173ページ

Q&A

市販のゆで大豆にはどんな種類があるの？
急いでいるときに便利なゆで大豆。大豆が汁につかっているものと、つかっていない真空パック（写真左）、ドライパック（右）があります。大豆の風味とほっくりした食感は、汁につかっていないほうが楽しめます。

1 ごぼうを水に放す

ごぼうはタワシで皮をこそげ落とし、5㎜厚さの小口切りにする。たっぷりの水に5分さらしてアクを抜き、ざるに上げる。

2 野菜を切る

生しいたけは石づきを切り、にんじん、ゆでたけのことともに1㎝角に切る。大きさをそろえると均一に火が通る。

3 炒める

鍋にごま油を熱し、ごぼう、にんじんの順に中火で炒め、油がまわって透き通ってきたら、たけのこ、大豆、しいたけを加えてひと炒めする。

4 味つけ

分量の水を注ぎ、煮立ったらアクをとって**A**を加える。再び煮立ったら弱火にして、汁けが少なくなるまで煮る。

さつまいもの甘煮

**煮立ったら一度湯を捨てる！
これが、さつまいもを色よく作るワザ
あとはやさしく煮含めるだけで完成**

材料（4人分）

さつまいも		大1本（500g）
A	酒	$\frac{1}{4}$カップ
	砂糖	大さじ3〜4
	薄口しょうゆ	大さじ$\frac{1}{2}$
	水	1カップ

材料の切り方は

＊さつまいものくし形切り
→173ページ

材料違いでもう1品！

長いもの甘煮

●作り方（4人分）　長いも約20㎝（500g）は皮をむいて、さつまいもと同様に切り、下記の3と4のように煮ます。煮る時間は10〜15分。仕上げにレモンの半月切り6枚を加え、ひと煮します。

材料を切る

1

さつまいもは皮を洗い、皮つきのまま5〜6㎝長さに切る。さらに、縦に十文字に切って（くし形切り）水にさらす。

ゆでる

2

鍋にさつまいもとひたひたの水を入れて中火にかけ、煮立ったら一度湯を捨てる。

味つけ

3

2にAの酒、砂糖、薄口しょうゆと分量の水を加えて、煮立てる。

煮る

4

キッチンペーパーをぬらして、さつまいもの上にかぶせ、弱火で15〜20分煮る。好みでレモンを絞ると、さわやかになる。

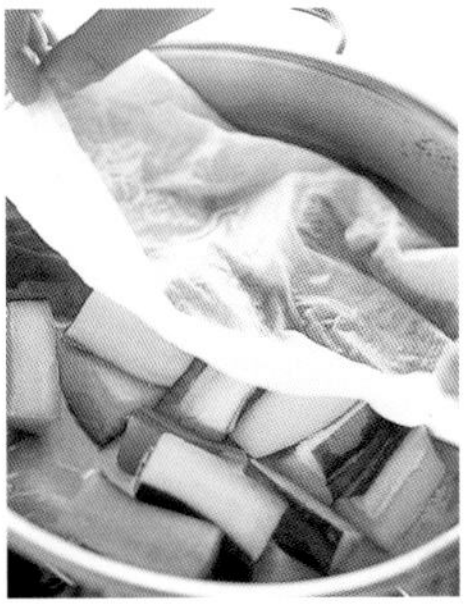

きちんとした味つけ&調理ができるために

調理の基本とコツ

調味料をきちんと量るのに欠かせない、計量カップとスプーン。料理作りにあまり慣れていない人は、これらを使うことが、上手に作る第一歩になります。さらに調理の決まりごとを守れば、おいしく見栄えよく作ることができますよ。

計量スプーンと計量カップ

計量スプーン

しょうゆや酒、砂糖などの、少量の調味料を量るためのスプーン。大さじ1と小さじ1のほかに、もっと細かく量れるものもある。料理書では、大さじ1は15cc、小さじ1は5ccで表記している。

計量カップ

一度にたくさんの液体や粉類を量るためのカップで、200cc、400cc用などがある。家庭ではこのどちらかがあれば十分。料理書では、1カップは200ccで表記している。

正しい計量のしかた

計量カップ

液　体

●1カップ

計量カップは水平なところに置き、真横から見て、目的の目盛りにぴったりくるように注ぐ。

粉　末

●1カップ

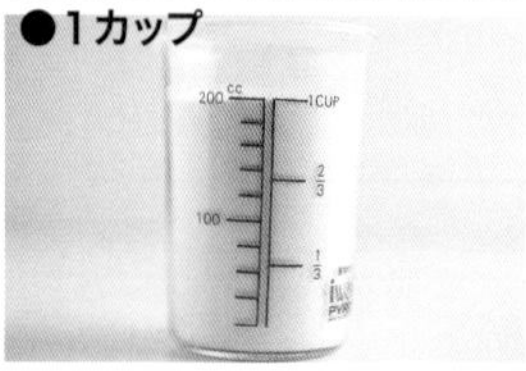

小麦粉などの粉末は、押さえつけたり、カップをたたいたりしないように入れ、液体と同様に量る。

手ばかり

●ひとつまみ

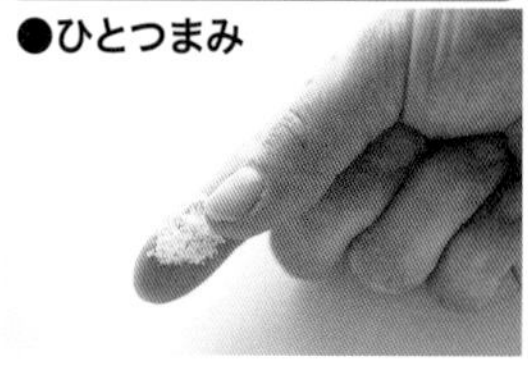

主に、塩を量るときに使う方法。親指と人差し指でつまんだ量をいい、少々より少し多め。

計量スプーン

粉　末

●大さじ1・小さじ1

砂糖や片栗粉などの粉末は、計量スプーンでふんわりと山盛りすくい、すりきり棒で水平にならす。

●大さじ⅔・小さじ⅔

粉末を平らにならしたら、中心から放射状に3等分して、そのうちの⅓をナイフなどで取り除く。

●大さじ½・小さじ½

粉末を平らにならしたら、ナイフなどで半分のところに線を入れ、くずれないように取り除く。

液　体

●大さじ1・小さじ1

しょうゆや酒、水などの液体は、スプーンの縁から少し盛り上がるくらいまで入れて。これで1杯に。

●大さじ⅔・小さじ⅔

底が丸くなっているので、ちょっと量りにくいが、スプーンの八分目まで入れるとちょうど⅔杯になる。

●大さじ½・小さじ½

スプーンの深さの⅔まで入れると½杯に、½まで入れると⅓杯になる。以上を目安に料理を作って。

知っておきたい調理の基本

油の温度

●低温(160度)

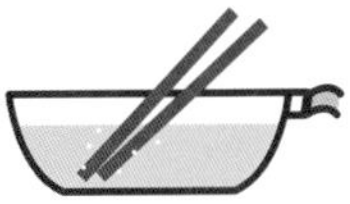

菜箸の先を湿らせて油の中に入れ、ポツポツと泡が出る状態。じっくり中まで火を通したいものや、野菜を揚げるときはこの温度で。

●中温(170度)

とんかつやフライなど、揚げもの全般をするときの温度。菜箸の先を湿らせて油の中に入れ、シュワシュワと音を立てて泡が出る状態。

●高温(180度)

菜箸の先を湿らせて油の中に入れ、ジュワッと勢いよく泡が出る状態。かきフライなど、すばやく火を通したいものは、この油の温度で。

水加減

●たっぷりの水

材料が水から頭を出さないで、十分にかぶっている状態。主に、材料のアクをとるとき、ゆでるときに使われる水の量。

●かぶるくらいの水

材料に水がちょうどかぶるくらいが、この分量。水分が出ない乾物や豆類などを煮るときに使われる。ひたひたの水と間違えないで。

●ひたひたの水

水から材料の頭がやっと出る状態。材料はでこぼこでふぞろいなので、高い頭が出るくらい。じゃがいもやかぼちゃなどを煮るときに。

火加減

●強火

水や煮汁を沸騰させたり、炒めものをするときの火加減がコレ。鍋、フライパンの底に炎があたり、少しまわりにはみ出している状態。

●中火

煮たり焼いたり、揚げたりと、調理全般に使われる火加減。鍋、フライパンの底に炎の先がやっとあたる状態を指す。

●弱火

材料にじっくり火を通すため、長時間煮るときに使われる火加減。鍋、フライパンの底には炎があたらず、小さく揺らめいている状態。

油抜きの方法

油揚げをざるにのせて熱湯を全体にまわしかけ、裏返して同様に。余分な油がとれて味含みがいい。

板ずりの方法

まな板にきゅうりをのせ、塩小さじ½をふって手でゴロゴロと転がす。緑が鮮やかに仕上がる。

油がまわるとは

材料に油がなじみ、照りが出てくるまで炒めた状態をいう。中まで火が通らなくてもOK。

煮つめるとは

煮ものを、汁けがなくなるまで煮ることをいう。材料を寄せ、鍋の底に少し残るくらいが目安。

アクのとり方

ボウルに水を張り、すくい網を用意。網状だと、煮汁を減らすことなくアクがすくえる。

材料から出たアクを寄せ、すくい網でとる。用意した水で洗いながら、次々と取り除いていく。

塩ゆでの方法

青菜を色よくゆでるときは、この方法で。塩の分量は、水1 ℓに対して小さじ2を加える。

湯が沸騰したら野菜を加えてゆでる。火の通りにくい、堅いものから順にゆでるのがコツ。

水溶き片栗粉のまわし入れ方

割合の目安は、片栗粉1に対して水が2。すぐに沈殿するので、使う直前によく混ぜる。

材料に火が通ったら、煮立っている状態で水溶き片栗粉を、全体に細くまわし入れる。

すぐに混ぜて片栗粉を行き渡らせ、少し火を通してとろりとした状態にする。

落としぶたの方法

煮汁がよくまわって、煮くずれしないので、キッチンペーパーを利用。水でぬらしてから使う。

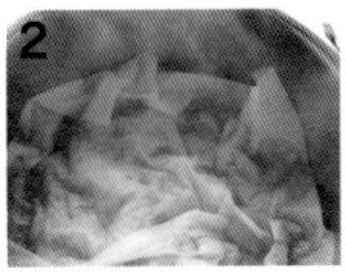

ペーパーの水を絞り、材料に密着させるようにかぶせる。ぬらすことで煮汁が減らない。

基本の野菜の切り方

実は、よくわからないで切っている野菜。でもちゃんとした切り方を覚えると、食感やできあがりの料理の味が驚くほどよくなるんです。しかもきれいに見えるので、料理の腕前もアップ！ここで基本をしっかりおさらいしてからスタート。

みじん切り

できるだけ細かく切る方法。みじん切りより少し大きく切ることを「粗みじん切り」といい、やり方は同じ。

●玉ねぎ●

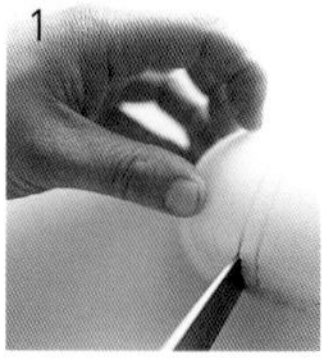

1 縦半分に切ったら、端から薄く切り込みを入れていく。切り離さないように注意して。

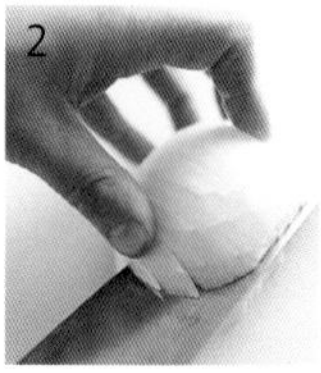

2 切り目に直角になるように、上から順に4本の切り込みを入れる。包丁は寝かせて使う。

3 さらに端から薄く切っていくと、みじん切りになる。にんにくでも切り方は同じ。

●長ねぎ●

1 長ねぎを斜めに置き、包丁の先で縦に細かく切り込みを入れる。まわしながら切るとラク。

2 端から切ると、細かいみじん切りに。これがいちばん早く、簡単に切れる方法。

乱切り

棒状の材料を、まわしながら斜めに切る方法。表面積が大きくなるので味がよくしみます。

●にんじん・なす●

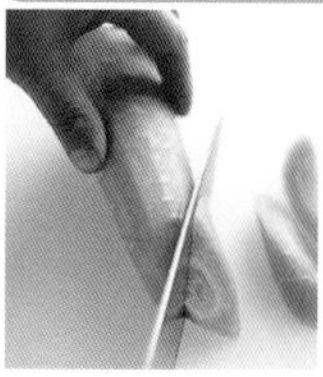

材料を斜めに置き、端を斜めに切る。切り口を上に向け、同様にして切ることを繰り返す。

●ピーマン●

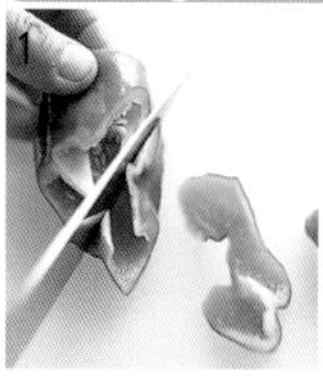

1 やり方は上記と同じ。切り口が上にくるように手前にまわしながら、斜めに切っていく。

2 種が見えてきたら、そのまわりをそぐようにして切る。これで、種が飛び散らずにすむ。

●れんこん●

れんこんや大根のように太いものは縦4つ割りにし、あとはにんじんと同様に切る。

せん切り

材料を細く切る方法で、繊維に沿って切る場合と、繊維を断つ場合があります。料理全般に。

●キャベツ●

キャベツの芯をそいでから2枚くらい重ね、くるりと巻いて端から細く切っていく。

●にんじん・しょうが●

1 皮をむいたら、繊維に沿って端から薄く切る。

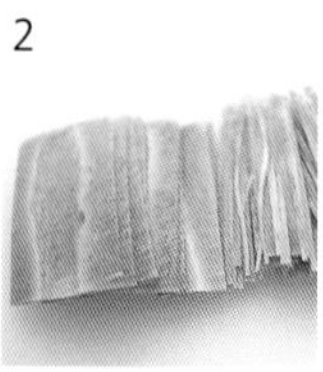

2 切ったものを少しずらして重ね、さらに端から細く切っていく。

●青じそ●

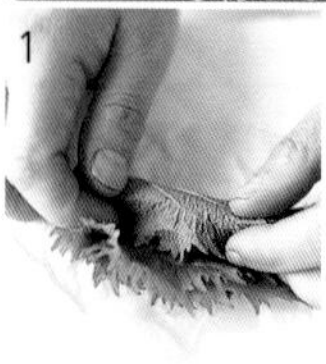

1 ひらひらして切りにくいので、軸を切ったら使う枚数を重ね、くるりと巻く。

2 端から細く切ると、あっという間にせん切りが。あとは、軽くほぐしてから使う。

斜め切り

長ねぎやきゅうり、万能ねぎなど、あまり太くない野菜を斜めに切る方法。あらゆる料理に使います。

●長ねぎ●

少し斜めにして材料を置き、端から目的の厚さに切る。切り口が長いだ円になればOK。

小口切り

細い棒状の材料を、端から切っていく方法で、やり方は輪切りと同じです。あえものや汁ものの実に。

●きゅうり・万能ねぎ●

材料を横長に置き、目的の厚さに端から切っていく。ごぼう、赤唐辛子もやり方は同じ。

輪切り

棒状か球状になっている材料を、端から切る方法。にんじん、トマト、じゃがいもにも使われます。

●大根・れんこん●

材料を横長に置き、目的の厚さに包丁をまっすぐに入れて切る。切り口が丸くなればいい。

一口大

ひと口で食べられる大きさに切ること。煮ものに使われ、煮くずれないよう少し大きめに切って。

●かぼちゃ●

スプーンで種を取り除き、皮をところどころむく。料理によっては皮をむかなくても。

3cm幅のくし形に切ったら、端から食べやすい大きさに切る。

●里いも●

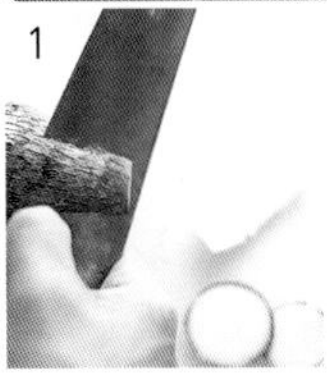

里いもの上下を少し切り落とし、皮を縦にむいていく。

あとは、半分に切るだけで一口大に。大きいときは、3つくらいに切るといい。

●こんにゃく●

スプーンで食べやすい大きさにちぎる。包丁より表面積が大きくなり、味含みがよくなる。

そぎ切り

火の通りをよくするため、厚みのある材料を斜めにそぐようにして切ることをいいます。

●しいたけ●

石づきをとってから、包丁を少し寝かせるように入れ、斜めにそぐように切る。

角切り

ころっとした1cm角のさいころ状に切る方法。もっと小さく切ることを「あられ切り」といいます。

●にんじん・じゃがいも●

材料を縦長に置き、端から1cm厚さに切る。

それをまた端から1cm厚さに切る。

切ったものを横長に置きかえ、さらに端から1cm厚さに切る。

いちょう切り

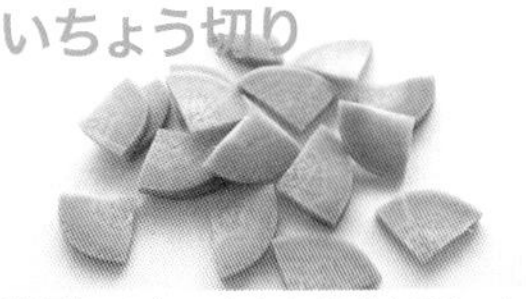

半月切りを、さらに半分に切った形がこの「いちょう切り」。汁ものの実や炒めものに使われます。

●にんじん●

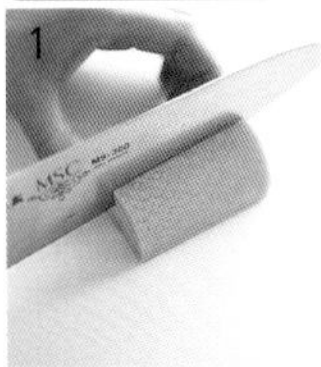

材料を縦半分に切ったら、切り口を下にして、さらに縦半分に切る。

端から目的の厚さに切ると、いちょう切りに。にんじんのほか、大根やかぶにも使われる。

短冊切り

まるで短冊のように見えるので、この名が。長方形に薄く切る方法です。あえものやサラダなどに。

●にんじん●

材料を4～5cm長さに切り、端から1.5cm厚さに切っていく。

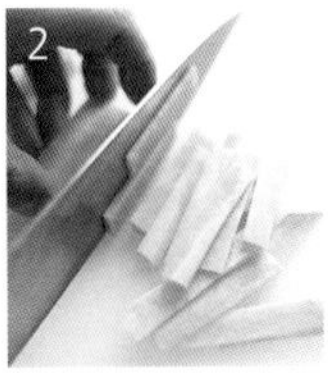

材料を倒して薄く切ると短冊の形に。大根やうどなどでも同様に。

●油揚げ●

まず、縦半分に切る。油揚げは熱湯をまわしかけて、油抜きしてから使って。

切ったもの2枚を重ね、横長に置いて、端から目的の幅に切る。

半月切り

汁ものの実や炒めものによく使われる切り方で、輪切りをさらに半分に切った形になります。

●にんじん・大根●

まず、棒状の材料を適宜の長さに切り、縦半分に切る。

切り口を下にして置き、端から目的の厚さに切ればOK。さつまいもなども同様に。

くし形切り

球状や棒状の材料を放射状に切ることをいい、下記のもの以外に、トマト、かぶなどにも使われます。

●レモン・玉ねぎ●

球状のときは最初に縦半分に切り、さらに放射状になるように、等間隔に切っていく。

●ごぼう●

棒状のときは横長に置き、目的の長さに切り分ける。

縦半分に切ってから、さらに放射状になるように、等間隔に切る。煮ものによく使われる。

薄切り

材料を端から薄く切る方法です。主に炒めものや焼きものに使われ、薄く切るほど早く火が通ります。

●しいたけ・しょうが・にんにく●

しいたけは石づきをとり、端から目的の厚さに切る。しょうが、にんにくも端から同様に。

●玉ねぎ●

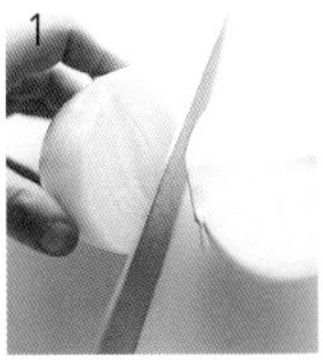

まず最初に、縦半分に切る。根のほうを下にして置くと、繊維に沿って切れる。

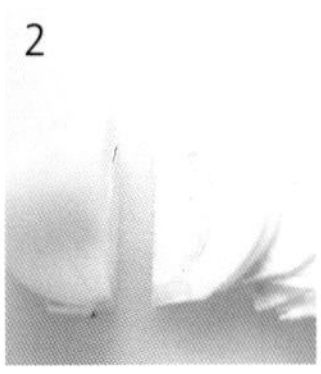

切り口を下にして置き、さらに端から繊維に沿って切る。シャキッとした食感に。

形よく
見た目よく
作るために

魚介の下ごしらえ

一尾の魚を初めて手にする人でも、いわしやあじなどの小さな魚なら簡単におろすことができます。ここでは、頭と内臓をとるだけ、手で開くだけの手軽な方法をご紹介。新聞紙を敷くと魚臭さがまな板に移らず、出たゴミをそのまま包んで捨てられるので便利です。

いわし

焼くとき

火が通りやすいように、魚を一枚に切り開く方法で、腹開きといいます。いわしは身がやわらかいので、手で簡単に開くことができます。

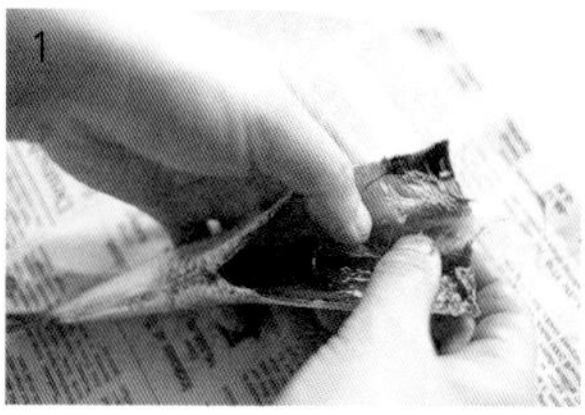

1 右のプロセス1～5まで参照しておろし、中骨に沿って頭から手でしごくように開く。

2 身をくずさないように尾までしごいたら、身を平らにならす。両手の親指を使って。

3 尾のつけ根のところで中骨をポキッと折る。折りにくいようなら、キッチンばさみで切る。

4 頭に向けて、中骨を静かにはがしていく。これで、ほぼ終わり。身を平らにならす。

5 身の両側についている腹骨を、包丁を寝かせるようにして、きれいにそぎとる。

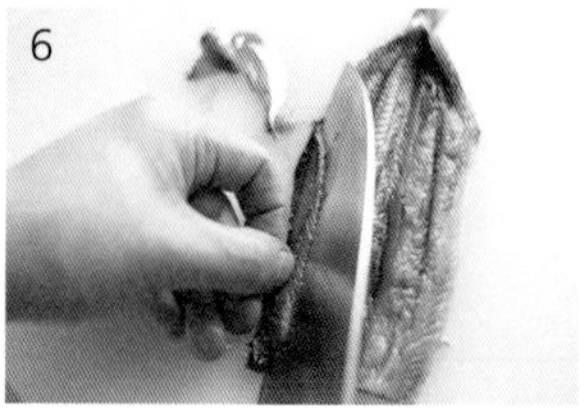

6 腹骨を両方とったら完成。いわしを手で腹開きにすることを、「手開き」ともいう。

煮るとき

比較的小さな魚を煮るときは、頭と内臓をとった状態で使います。このような姿のまま煮ると、形がしっかりしているので、煮くずれません。

1 腹を手前にしてまな板の上に置き、胸ビレの下に包丁を入れて、頭を一気に切り落とす。

2 頭の切り口から腹の中央にかけて、切り込みを入れる。包丁は寝かせるようにして使う。

3 切り込みに包丁の先を入れて、内臓をかき出す。内臓は新聞紙に包んで捨てるといい。

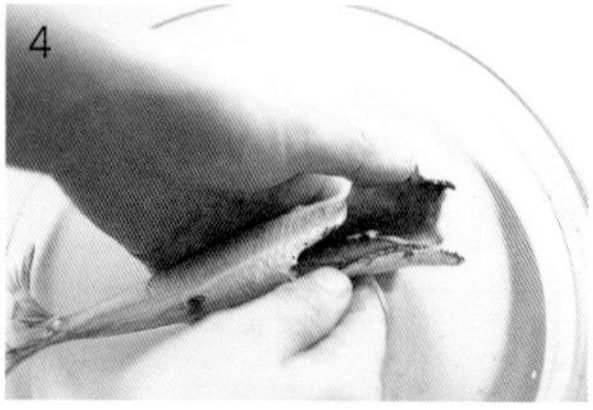

4 ボウルに水をたっぷり張り、腹の中に指を入れてきれいに洗う。洗うのはこの1回で十分。

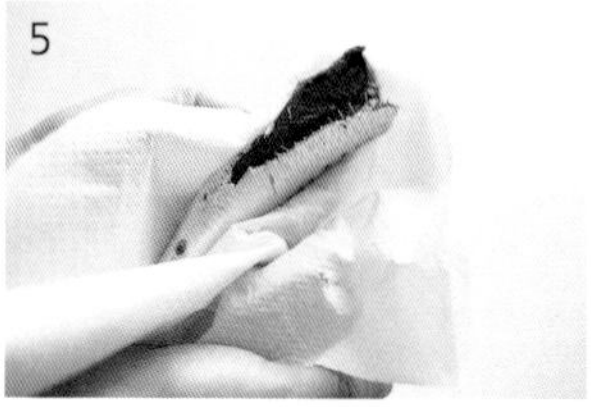

5 すぐにキッチンペーパーにとって、水けをしっかりふきとる。腹の中もていねいにふく。

さば

二枚におろすとき

頭と内臓をとったら、中骨の上に包丁を入れて切り、身を2つにする方法です。主に大きい魚に使われ、骨がついているので、煮ても焼いても身がくずれにくくなります。

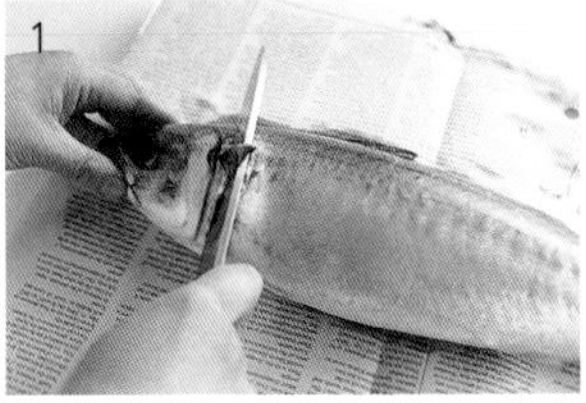

1 胸ビレを持ち上げてすぐ下に包丁を入れ、中骨のところまで切り込みを入れる。

2 魚を裏返して同様に包丁を入れ、頭を一気に切り落とす。

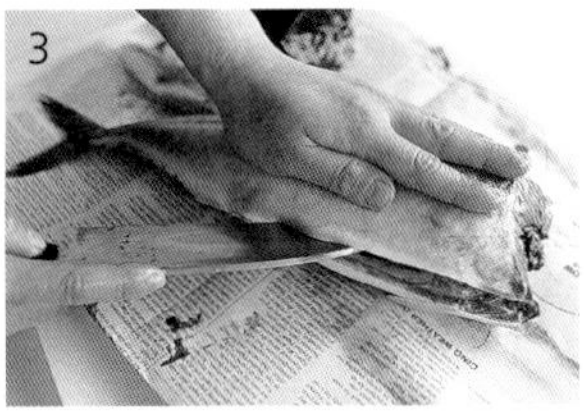

3 腹を手前にして置き、頭の切り口から腹の中央まで切る。

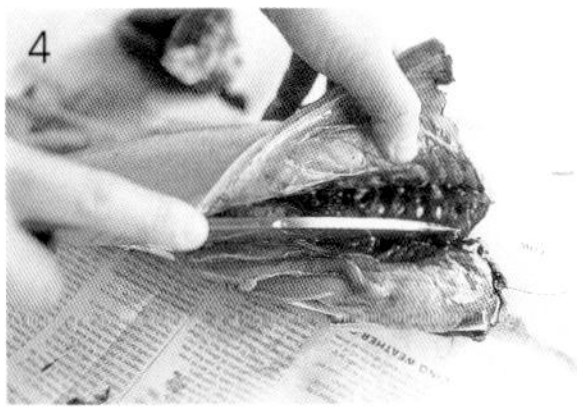

4 包丁の先を腹に入れて、内臓をかき出す。小さな血のかたまりも、きれいにとって。

5 水でサッと洗う。骨のあたりに血がこびりついているので、指でこすり落とす。

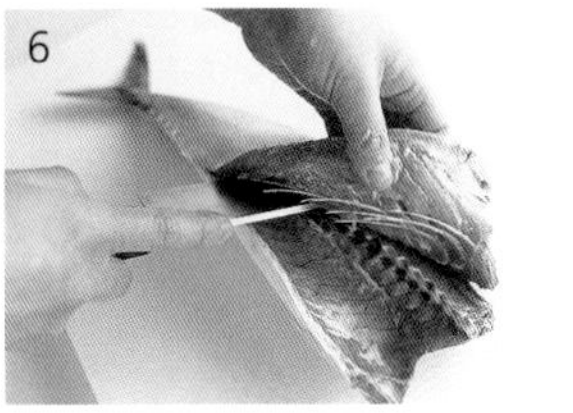

6 水けをよくふき、中骨の上に包丁を斜めに入れる。そのまま、尾に向けて切ると二枚になる。

あじ

塩焼きにするとき

頭をつけたまま塩焼きにするときは、表になる面（頭が左、腹が手前）を傷つけないで内臓を出すことが大切です。これで姿よく盛れます。

1 尾から腹にかけてあるゼイゴは堅いので、包丁を斜めに入れてそぎとる。裏側も同様に。

2 魚を裏（頭が右、腹が手前）にして置き、腹を少し切って内臓を出す。水で洗ってよくふく。

南蛮漬けにするとき

● 小さい魚なら

長さ5cmくらいの小さな豆あじは、骨ごと食べられるので頭つきで使います。内臓は、揚げているときに破裂するので、必ず取り除いて。

1 豆あじの頭のつけ根あたり（胸ビレの下）に、切り込みを1cmほど包丁で入れる。

2 さらに写真のように腹を少し切り、包丁の先で内臓を出す。サッと水で洗い、よくふく。

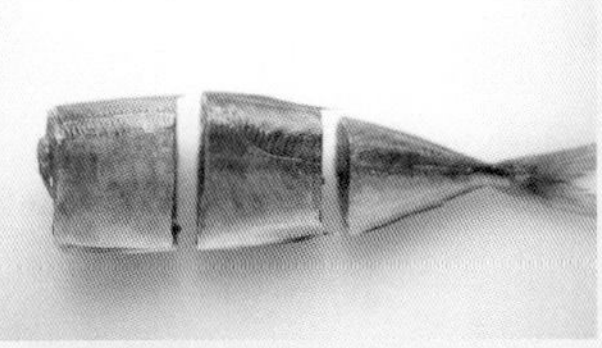

● 大きい魚なら

大きいものは骨が堅いので、丸ごと食べるのはムリ。内臓を出したら3つくらいに切り分けると、味がよくなじむし、食べやすくなります。

1 ゼイゴはそぎとる。胸ビレの下に包丁を入れて中骨まで切り、裏返して頭を切り落とす。

2 そのまま3つくらいに切り分ける。大きさによっては4つくらいに。一口大にすればOK。

3 筒状になっているので、中に指を入れて内臓を押し出す。水洗いして、水けをよくふきとって。

えび

フライにするとき

えびが曲がらず、まっすぐになっているのが見た目のいいフライの姿です。それには、腹側に浅く数か所切り込みを入れるのがコツ。

1

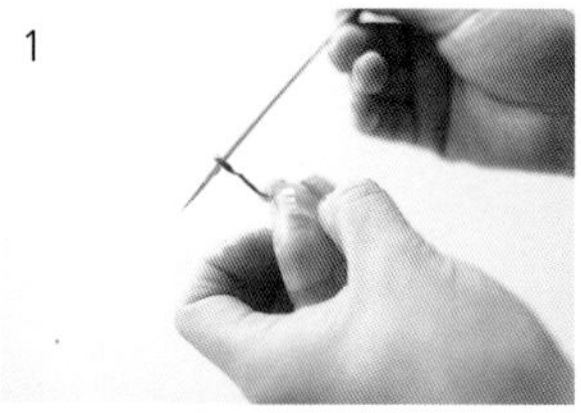

えびは殻つきの太いものを使う。背を丸めて背ワタを竹串ですくい、スッと静かに引き抜く。

2

尾の先を少し切り落とす。中央にあるとがったけん先も少し切る。

3

尾とけん先の中にある水を、包丁でしごくようにして出す。これで、揚げたときに油がはねない。

4

尾を残して殻をむく。見た目よくするには、殻を尾からひと節残すと形がいい。

5

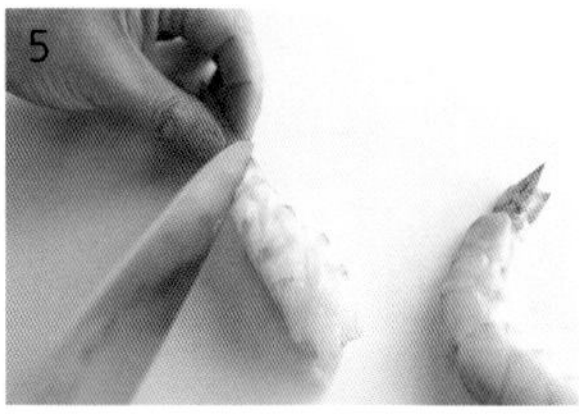

えびの腹側を上に向けてまな板に置き、4～5本斜めに浅く切り込みを入れる。

6

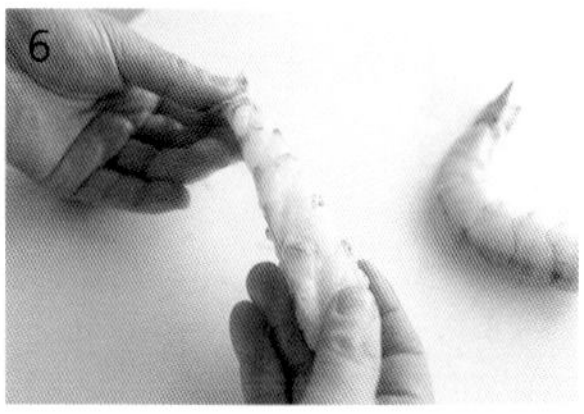

最後にえびを軽く伸ばしてから、ころもをつけて揚げる。これで、まっすぐな仕上がりになる。

いか

煮るときも、焼くときも、下ごしらえの方法は同じです。本書では煮ものに使っているので、皮はむかないでおきます。

1

足のつけ根を持って軽く引き、胴からワタごと抜き出す。

2

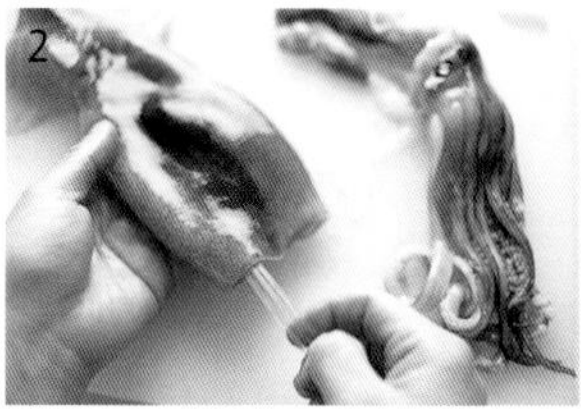

軟骨もとり、ボウルに水を張って胴を洗う。中の汚れや内臓を取り除き、水けをふく。

3

足はつけ根のところで切り離す。ちょうど目の下あたりで切ると、足がばらけない。

4

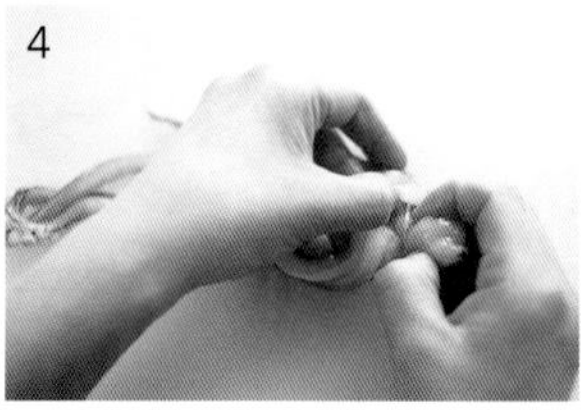

足の中についているくちばしを手でもぎとる。くちばしは堅いので、使わないように。

5

料理に使いやすいように、足に切り込みを入れて一枚に開く。

6

まな板に足をのせ、包丁でしごくようにして、吸盤をとる。これで下ごしらえが完了。

PART 5

パッとできる手軽さがうれしい！

小さなひと皿

“あと1品何か欲しい！”というときに、
パッと作れるお助け副菜がコレです。
切るだけ・塩でもむだけ・焼くだけ・レンジで加熱するだけの
数分でできるものばかりだから、
どんなに忙しくてもゼッタイに作れる！
しかも、使う材料は１～２品といったうれしさです。
食感、味、彩りを考えて主菜につけ合わせて！
おつまみにも最適です。

切るだけ!

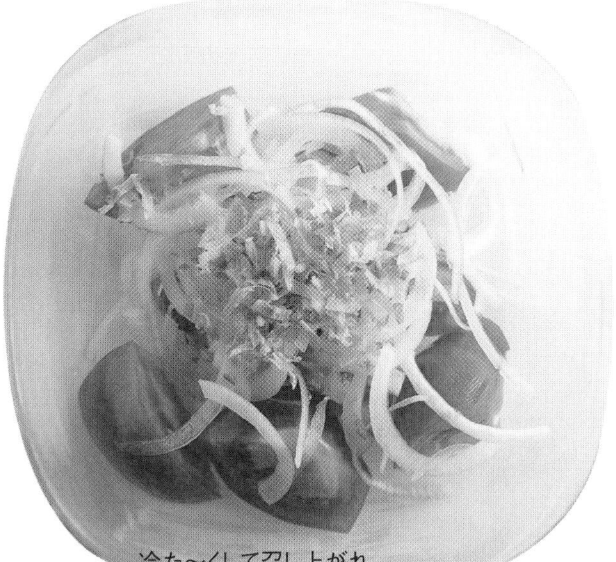

明太子のうまみで味つけ不要
たたききゅうり明太

作り方(4人分)
きゅうり3本は板ずりし、びんでたたいて縦3つに割り、さらに食べやすい大きさに割ります。明太子1腹を手でちぎり、きゅうりとあえたらできあがり。

冷た〜くして召し上がれ
トマトサラダ

作り方(4人分)
トマト2個は一口大に切り、皿に盛ります。玉ねぎ¼個は薄切りにして水にさらし、水けをきってトマトにのせます。削り節適量をのせてしょうゆでいただきます。

青じそで香りをプラスして
しらすおろし

作り方(4人分)
大根7㎝(300g)はすりおろし、軽く水けを絞って器に盛ります。上に粗みじんに切った青じそ4枚分を散らし、しらす干し¼カップをのせて、しょうゆをかけます。

なめたけでレタスがいくらでも
レタスなめたけ

作り方(4人分)
レタス½個は一口大に手でちぎって器に盛り、なめたけ¼カップを加えてあえます。のり適量をちぎって散らして。

辛い！ 酸っぱい！ が新鮮

かまぼこの梅わさび添え

作り方（4人分）

かまぼこ1本は、5㎜幅のところで深めに切り込みを入れ、次の5㎜で切り離します。これを繰り返して全部切ったら、わさびと練り梅各適量を切り込みにはさみます。

こってりしたおかずにピッタリ

冷ややっこ

作り方（4人分）

木綿豆腐1丁は8等分にし、皿に盛ります。すりおろしたしょうが1かけ分と、万能ねぎの小口切り2～3本分を上にのせ、しょうゆをかけてどうぞ。

あえるだけで超カンタン

生春菊サラダ

作り方（4人分）

春菊1束は葉のやわらかい部分を手でちぎって皿に盛ります。しょうゆ・酢・サラダ油各大さじ2を混ぜてドレッシングを作り、いただく直前にあえます。

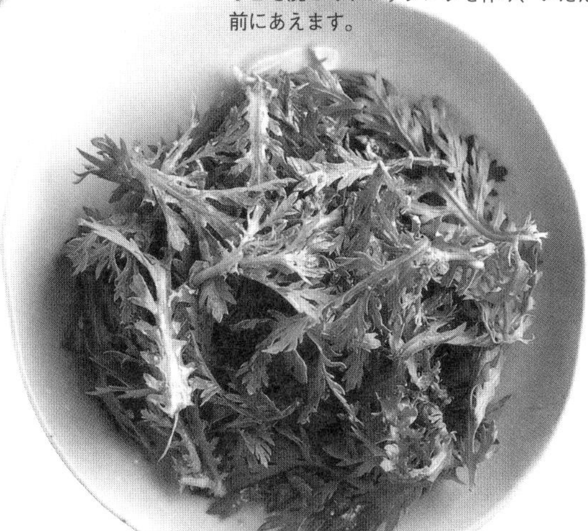

おかか&しょうゆでダブルのうまさ

きゅうりおかか

作り方（4人分）

きゅうり2本は両端を切り落として縦半分に切り、斜め薄切りにします。これに削り節1パック（5g）としょうゆ大さじ2を加えて手でもみ混ぜ、味がなじんだらOK。

納豆はしょうゆでしっかり味つけ

オクラ納豆

作り方（4人分）

オクラ10本は縦半分に切って種を除き、薄く切って器に盛ります。納豆小2パックはしょうゆ大さじ2で調味し、上にのせます。

ツンとくる刺激で長いもがおいしい

長いものピリリ

作り方（4人分）

長いも10㎝は皮をむき、細めの短冊切りにして皿に盛ります。上にわさび小さじ1をのせ、しょうゆ大さじ2をかけていただきます。

パッとできる、歯ごたえのいい浅漬け風

野菜のめんつゆ漬け

作り方（4人分）

きゅうり2本は小さめの乱切りにし、にんじん⅓本は太めのせん切りにします。これに、めんつゆ（2倍希釈）⅓カップを水で薄めずにかけ、軽くもんだらできあがり。

ほんのりしたソースの甘さがぴったし

トマトのソース味

作り方（4人分）

トマト2個は縦4～6つに切り、ヘタをとってから乱切りにして皿に盛ります。あとは、ウスターソース大さじ2～3をかけるだけ。

切っただけなのに、このおいしさ

ねぎとちくわのごま油かけ

作り方（4人分）

生ちくわ中2本は薄い輪切りにし、長ねぎ½本は斜め薄切りにします。これを混ぜて皿に盛り、塩少々とごま油大さじ1をかけます。

全体を混ぜて、なめたけをなじませます

大根のなめたけかけ

作り方（4人分）

大根10㎝（200g）は皮をむいて縦4つ割りにし、端から薄切りにします。皿に盛って、瓶詰のなめたけ大さじ4～5をのせます。

塩でもむだけ!

シャキシャキして
青じその香りが最高

キャベツの塩もみ

作り方（4人分）
大きめのキャベツ３～４枚は太めのせん切りにし、塩小さじ⅔と水大さじ２を合わせたものをふり混ぜて、軽くもみます。しんなりしたら水けを絞り、青じそ３枚をちぎってあえます。

生でもイケル!　みそ風味と好相性

オクラのみそマヨ味

作り方（4人分）
オクラ１袋はヘタの先をとり、塩小さじ１をふってよくもんだら水洗いします。みそ大さじ１とマヨネーズ大さじ２を合わせてたれを作り、皿に盛ったオクラにかけます。

しょうがを効かせてさわやかに

なすの塩もみ

作り方（4人分）
なす３個はヘタをとり、縦半分に切って斜め薄切りにします。塩小さじ½と水大さじ２を合わせてなすにふり混ぜ、しんなりしたら水けを絞って器に盛り、しょうがのせん切り½かけ分を散らします。

昆布の塩味でレタスがしんなり

レタスの昆布風味

作り方（4人分）
レタス５～６枚は一口大にちぎり、せん切りにした塩昆布¼カップを加えて、ザクザクと手でもみます。しんなりして、うまみがなじめば完成。

焼くだけ！

しんなりしたきのこに
チーズがからまって…

きのこの風味焼き

作り方（4人分）

生しいたけ4個は石づきをとり、4つに切ります。えのきたけ1袋は根元を切って細かくほぐし、生しいたけとともに耐熱皿にのせます。サラダ油少々と粉チーズ大さじ2～3、パセリのみじん切り適量をふりかけ、オーブントースターでしんなりするまで焼きます。

マヨネーズの酸味があとを引きますよ

はんぺんの
マヨネーズ焼き

作り方（4人分）

はんぺん2枚はそれぞれ斜め半分に切り、マヨネーズを大さじ½ずつぬって七味唐辛子少々をふります。これをオーブントースターでこんがりと焼き上げて。

おかかじょうゆで食欲が出ます

こんがりアスパラ

作り方（4人分）

グリーンアスパラ2束は半分に切り、オーブントースターで5～6分焼いて皿に盛ります。これに削り節¼カップをのせ、しょうゆ大さじ2をかけます。

あつあつをしょうがでどうぞ

焼き厚揚げ

作り方（4人分）

厚揚げ2枚はフライパンで両面をこんがりと焼きます。これを縦半分に切り、端から1㎝厚さに切って皿に盛ります。おろししょうがと貝割れ各適量を添えて。

パリパリッと焼き上げて

焼き油揚げ

作り方（4人分）

油揚げ2枚をオーブントースターでカリッと焼き、それぞれ4等分にして皿に盛ります。大根おろしを添え、しょうゆをかけて召し上がれ。

サラダ風のさっぱりした一品

さつま揚げのみぞれあえ

作り方（4人分）

さつま揚げ4枚はフライパンで両面を色よく焼き、それぞれ6等分に切ります。ボウルに大根7㎝（300g）をすりおろして水けをきり、さつま揚げと根を切った貝割れ適量を加え、ざっとあえて皿に盛ります。しょうゆをかけてどうぞ。

ふんわり、ほかほかがい〜い味わい

焼きはんぺん

作り方（4人分）

フライパンにサラダ油を薄くひいて、はんぺん2枚の両面をこんがりと焼きます。それぞれ6つに切り分けて青じそを敷いた皿に盛り、マヨネーズ適量を添えます。

"チン"するだけ！

シンプルな味つけでいもの甘さが生き生き

里いものごま塩かけ

作り方（4人分）
大きめの里いも3～4個は、泥をよく洗い落としてラップで包み、電子レンジで6～7分加熱します。半分に切って切り口を上にして皿に盛り、塩・黒いりごま各少々をふります。

バターがとろっと溶けたら食べどき

かぼちゃバター

作り方（4人分）
かぼちゃ⅛個（250g）は大きめのくし形に切ってラップで包み、電子レンジで7～8分加熱します。皿に盛り、熱いうちにバター大さじ1をのせます。

くったりしたキャベツに
味がなじんでます

ツナキャベツ

作り方（4人分）
キャベツ5～6枚は一口大にちぎり、耐熱皿に並べます。上にツナ缶（オイル漬け）小1缶を汁ごとほぐしてのせ、しょうゆ少々で調味してラップをかぶせます。電子レンジで5分加熱したら取り出し、上下を返して味をなじませます。

塩味&うまみが、なすにじっくり

ベーコンなす

作り方（4人分）
なす2個は縦半分に切り、さらに具をはさめるように、厚みに深く切り込みを入れます。ベーコン2枚を半分に切ってなすにはさみ、耐熱皿に並べて電子レンジで3～4分加熱します。半分に切って皿に盛り、好みでしょうゆをかけて。

料理作りがこれでスムーズに！

料理用語の“わからないこと”解決集

アク抜きとか、堅めにゆでるとか、料理の作り方の中にはよく出てくるけれど、実際に調理すると“いったいどうやったらいいの”とつまずいてしまうことがいっぱい！ そんな“？”と思う言葉を集めて、わかりやすく解説しました。

あ

「アク抜き」

主として、野菜類に含まれている渋みやえぐみなどのクセを水、酢水、塩水などにさらしたり、ゆでたりして取り除くこと。ごぼうやれんこんは酢水にさらし、なすは塩水につけておくとアクが抜け、クセがやわらぐばかりか、色もきれいに仕上がる。たけのこは米ぬかと赤唐辛子を加えた水でゆでると、特有のえぐみが抜けて、風味がよくなる。

「アクをすくう」

肉や魚などを煮ると、泡と一緒にアクが浮いてくるので、玉じゃくしの底で寄せてすくいとること。これをやらないと、仕上がりの味と煮汁の色が悪くなる。水を張ったボウルに、すくったアクを玉じゃくしごとつけてひと洗いし、次をすくう。

「油通し」

主に中華料理で使われる下準備の手法で、煮たり炒めたりする前に、材料を軽く揚げておくことをいう。こうしておくと、火の通りが均一になって水っぽさがなくなり、色が美しく仕上がる。肉、魚、野菜、ナッツ類などによく使われ、そのままか、卵や片栗粉をまぶして揚げる。油の温度は普通は低温（１００～１６０度）で、あとで本調理をするので、中まで火を通さないよう、サッと油に通す程度にする。

「油抜き」

油揚げや厚揚げ、さつま揚げなど、一度油で揚げた食品の表面についている油を除くこと。ざるにのせて熱湯をまわしかけるか、サッとゆでて取り除く。これで油臭さがなくなり、味の含みもよくなって、ふっくらと仕上がる。

「あら熱をとる」

調理直後のあつあつの状態から少しさますこと。完全にさましてしまわず、やや熱がとれるくらいでOK。ほとんどの場合は、鍋に入れたまましばらく置いておけばいいが、急ぐときは鍋ごと水に浮かべてさます。余熱で火が通りすぎるのを防ぐため、ざるにのせてあおぐことも。

「板ずり」

主にきゅうりやふきなどの、緑色を鮮やかにするために行う方法。きゅうりをまな板の上に置いて塩を多めにふり、両手でゴロゴロ押し転がすようにする。生で使うときは塩を洗い流すが、ゆでるときは塩をつけたまま熱湯に入れる。

「裏ごしする」

ゆでた野菜や卵、魚などを、裏ごし器を通してきめ細かい状態にすること。材料を網目に対して斜めに置き、木べらで手前にギュッと押しながらつぶしていく。

「落としぶた」

煮ものをするとき、材料に直接のせるふたのこと。これで煮汁が全体に行き渡って、味の含みがよくなる。この本では、水でぬらしたキッチンペーパーで代用。水けを軽く絞り、材料に密着させるようにかぶせる。

か

「隠し味」

料理の味を引き立たせるために、ごく少量の砂糖や塩、しょうゆ、みりんなどの調味料を加えること。入れたことがわからない程度に使うのがコツ。あずきを煮るときに塩を少々入れるが、これは甘みを引き出すための隠し味。

「堅めにゆでる」

材料をゆでるとき、火を通しすぎないように、中を少し生の状態にゆでること。あとで炒めたり、焼いたりするので、ここでやわらかくゆでてしまうと、仕上がったとき歯ごたえも味も悪くなってしまう。主に野菜やいも類によく使われるテクニック。

「かぶるくらいの水」

材料をゆでたり煮たりするときに用いる言葉で、材料が水から頭を出さないで、十分にかぶっている状態。水分が出ない乾物や豆類などを煮るときに使われる水の量。

「カラいり」

鍋やフライパンに油をひかずに、材料をいりつけること。ごまや煮干しをカラいりすると香ばしくなり、こんにゃくやしらたきをカラいりすると、余分な水分が抜けて歯ざわりがよくなる。焦げないように弱めの中火にして、ときどき火から離し、鍋を揺すりながらいるといい。

「こそげる」

魚のウロコ、ごぼうの皮などを、包丁の背や刃を使ってこすり落とすこと。ウロコは尾から頭に向かってギュッギュッとこすり、ごぼうの皮は上から下へ向けてこすりとる。また、いもなどの皮をタワシでこすり落とすことも、こそげるという。

さ

「酒蒸し」

魚介類に酒と塩をふって蒸すこと。一般的には、魚介類に塩をふって味をなじませておき、昆布(あればでいい)を敷いた皿にのせて酒をかけ、蒸し器で蒸す。これで、生臭みが抜けて風味がよくなり、材料の持ち味が生きてくる。

「差し水」

うどんやそばなどのめん類をゆでている途中、沸騰して吹きこぼれるのを、抑えるために加える水のこと。「びっくり水」ともいう。大きな鍋でゆったりと泳がせるようにゆでると、吹きこぼれにくい。

「さらしねぎ」

長ねぎを細いせん切りにし、たっぷりの水に放してシャキッとさせたもの。めん類や鍋ものの薬味にしたり、煮もののあしらいに使う。

「さらす」

主として野菜のアクを除くために、水に浸すことをいう。じゃがいもやさつまいもは、デンプン質を除くため水にさらし、れんこんやごぼうは色を白く仕上げるため、酢水にさらす。また、ゆでたほうれんそうは、冷水にさらすとアクが抜ける。

「塩抜き」

保存のため、強く塩をまぶしてある塩蔵品の塩けを抜くこと。「塩出し」ともいう。主にわかめや漬けものの塩けを抜くのに使うテクニック。真水に長時間つけるとうまみも出てしまうので、薄い塩水を作って材料を入れ、しばらく浸しておく。その後、真水にかえると早く塩けが抜ける。あまり長くつけすぎると塩が抜けすぎ身がだれるので、途中で味見をしてチェックを。

「塩もみ」

材料に塩をふりかけて手で軽くもみ、水分を出してしんなりさせること。きゅうりや大根、かぶを酢のもの、即席漬けにするときに用いる。材料を薄い小口切りかせん切りにして、塩をふって全体に軽くまぶし、手でもみ込む。しんなりして水分が出てきたらサッと水で洗い、絞ってから使う。

「塩ゆで」

青菜類やグリーンピース、ふきなど、緑色を鮮やかにゆで上げるために使う方法。また、材料独特の風味や持ち味を生かすため、塩味だけで調味して煮上げる場合にもいう。たっぷりの熱湯の中に塩を入れてから材料を加える場合と、あらかじめ材料に塩をまぶしておいてから、熱湯に入れる場合がある。どちらの場合も短時間で歯ごたえよくゆで上げ、すぐ冷水にとってさまして、水けを絞る。

「下味をつける」

調理をする前に、材料が生のうちに塩、コショウ、酒、しょうゆ、みそなどの調味料、香辛料をもみ込んでしばらく置き、一定の味をつけておくこと。また、みそ床やマリネ液に漬け込むこともいう。味がつくとともに、材料のクセや臭みが抜けたり、堅いものをやわらかくする効果がある。

「下煮」

下ごしらえのひとつで、調理の仕上げをする前に、あらかじめ材料にある程度の味をつけて煮ておくこと。堅くて煮えにくいもの、味のしみにくいものは下煮しておくと、ほかの材料との味のバランスがとれると同時に、材料の持ち味が生きる。

「下ゆで」

アクの強いものや、ヌメリのあるもの、色を鮮やかに出したいものなどを、本調理の前に堅めにゆでておくこと。火の通りにくい大根やにんじんの厚切り、ごぼうは水からゆで、火の通りやすい青菜類やブロッコリーなどはお湯からゆでる。

「霜降り」

牛肉や鶏肉、白身魚などを、沸騰した湯の中にサッと通し、表面を白く、中は生の状態にゆでることをいう。そばに冷水か氷水をたっぷり用意しておき、材料の色が変わったらすぐにつけて、余熱で中まで火が通らないようにする。さめたらざるに上げて、水けをきる。こうすると身が締まって、うまみが逃げにくくなる。

「素揚げ」

材料にころもをつけずに、そのまま油に入れて揚げる方法。かぼちゃ、なす、ししとう、じゃがいも、昆布などは、よく素揚げにする代表選手。焼きものや煮もののつけ合わせにする。水けが残っていると油がはねて危ないので、十分にふきとってから揚げる。

「すが立つ」

火加減が強すぎたり、加熱時間が長すぎたりすることによって、料理に細かい泡のような穴があいてしまうこと。茶碗蒸しや卵豆腐、湯豆腐、カスタードプリンなど、卵と豆腐を使った料理によく起こりやすい。すが立つと、なめらかさがなくなり、見た目も悪くなる。

「すじ切り」

焼きものや揚げものに使う厚切り肉などの、白いすじを数か所包丁で切って、加熱するときに縮むのを防ぐこと。豚ロース肉は赤身と脂身の境目にすじがあるので、ここを包丁の先で2~3か所カットする。

「砂出し」

貝類に含まれている砂を、海水程度の塩水に5~6時間つけて吐かせること。水3カップに塩大さじ1くらいが目安。塩水の量は、貝類が呼吸しやすいように頭が少し出るくらいがベスト。水温は15度くらいがよく、暗い場所に置くといい。

「背ワタをとる」

えびの背にある黒いすじ(ワタ)を、竹串などですくうようにして抜きとること。背中の中央に包丁で切り目を入れ、刃先で引っぱり出してもいい。仕上がりの色と味がよくなる。

た

「たっぷりの水」

材料をゆでたり煮たりするとき、材料がすっぽりと隠れるくらいに、十分に水を加えること。これは、いも類や大根、たけのこのように、堅いものに火を通すときに用いる方法。なるべく大きめの鍋を使うのが、おいしく作るコツ。

「ダマになる」

ホワイトソースなどを作るとき、ルウがよく溶けないで粉のかたまりがブツブツできること。また小麦粉を水で溶いたとき、よく混ざらないで、同様の状態になる場合もいう。ダマになるのは、小麦粉がまんべんなく溶けないから。牛乳や水は少しずつ加え、小麦粉を溶きのばしながら混ぜていくとダマにならない。

「つなぎ」

ハンバーグ、うどん、そば、しんじょなどを作るとき、材料同士がよく混ざり合って、ひとつにまとまりやすくするために加えるもの。卵、小麦粉、片栗粉、おろした山いも、パン粉などが使われ、材料と一緒に混ぜて、焼いたり煮たりする。

「手開き」

いわしのように、身がやわらかい魚を手で開く方法。包丁を使わずに、手の指だけで開くので、この名がある。詳しくは１７４ページを参照して。

「天盛り」

酢のもの、あえもの、煮ものなどを器に盛り、料理の中央に飾るもの。あしらい、添えものの一種で、料理に色と香りが添えられて、季節感が生まれる。針しょうが、木の芽、しらがねぎ、針のりがよく使われ、料理の真ん中に小高く盛ると美しい。

「とろみをつける」

片栗粉やくず粉を水で溶き、ソース、煮汁に加えて、とろりとした濃度に仕上げること。片栗粉、くず粉は倍量の水で溶いて、材料がクツクツと煮えているところに細くまわし入れ、大きく混ぜてとろりとするまで火を通す。

な

「鍋肌」

鍋肌とは、鍋の内側面のことを指し、フライパンでも同様のいい方をする。〝鍋肌から入れる〟とは、鍋の縁から内側面を伝わせるように、材料や調味料を入れることをいう。煮汁や油が飛ぶのを防げる。

「鍋を揺する」

煮たり、焼いたりするとき、材料が鍋やフライパンにくっついたり、焦げたりしないように、鍋を揺すり動かすこと。初めから強く揺すっていると、材料がくずれることもあるので、やや火が通ってから静かに揺するように。

「煮きる」

料理に使用する酒やみりんのアルコール分を抜く方法。鍋に酒（みりん）を入れて沸騰させ、アルコール分を蒸発させるやり方と、さらに蒸発したアルコール分に火をつけて燃やす方法がある。こうすることで、酒やみりんに含まれているアルコール分が抜けて、香りとうまみが強まり、仕上がりの味がよくなる。煮きったみりんを〝煮きりみりん〟という。

「煮つめる」

煮ものや、汁の多い焼きものを、汁けがなくなるまで十分に煮ること。またトマトソースやミートソースなどを作るとき、ソースの量が½〜⅔量になるまで、弱火でコトコトと煮ることも、煮つめるという。

「煮含める」

薄味に仕立てた、たっぷりの煮汁の中で、ゆっくりと時間をかけながら煮て、材料の中まで味をしみ込ませること。材料の風味、うまみなどの持ち味が生きるので、できたてをすぐにいただきたい。

は

「ひたひたの水」

調理でよく使われる言葉のひとつ。材料を鍋やボウルなどに平らに入れ、材料の頭がやっと出る程度に水を加えること。でこぼこした高い頭が水面から出るくらいの分量をいう。かぼちゃ、じゃがいも、里いもなどを煮るときに。

「ふり洗い」

貝柱やかき、下処理をした赤貝やなまこ、鮮度の落ちやすい白身魚などを深めのざるに入れて、水の中でざるをふるうようにして洗うこと。材料に塩をふっておくと、汚れがとれて身が締まる。

ま

「まわし入れる」

調味料などを、材料全体にムラなく、まわすようにして入れること。野菜炒めやチャーハンのときは、鍋肌を伝わらせてしょうゆ、酒などをまわし入れると、香りが立っておいしく仕上がる。

「水でもどす」

ひじき、切り干し大根、わかめ、干ししいたけなどの乾物を、たっぷりの水につけてやわらかい状態にもどすこと。干ししいたけや切り干し大根のもどし汁は、いいだしが出ているので、煮るときに使って。

「水にとる」

ゆで上げたほうれんそう、グリーンピースなどを、すぐに水にとってさますこと。こうすると、余熱でのゆですぎがなくなり、材料もシャッキリする。水のかわりに冷水や、氷水を使うことも。冷たいほうが効果が大きく、さめたらすぐざるにとる。

「水に放す」

野菜のアクを抜いたり、刻んだ野菜をパリッとさせるために、たっぷりの水につけること。いつまでもつけていると、うまみと風味が損なわれるので、5〜10分を目安にして。

「面取り」

煮くずれを防ぎ、きれいに仕上げるため、野菜の切り口の角を薄くそぎとること。大根、かぼちゃ、にんじん、里いもなどを長く煮るときには、下ごしらえとして欠かせない。

や

「ゆでこぼす」

材料をゆでて、そのゆで汁を捨てること。アクや渋みなど、不要な成分をとることが目的で、味をよくする効果がある。ほうれんそうはアクを、里いもはヌメリを、ベーコンは脂、あずきはタンニンなどの渋み成分をとるために、ゆでこぼしを行う。

全プロセスつき！ 毎日のおかず

材料別さくいん

肉

魚介

練り製品

野菜

きのこ類

卵

大豆・大豆加工品

カバーデザイン　マルサンカク
本文デザイン　ciel inc.
撮影　木村拓（東京料理写真）　野口健志
スタイリング　中村和子
校閲　滄流社
編集　菊池香理　上野まどか

新装版　全プロセスつき！　毎日のおかず

著　者　小田真規子
編集人　足立昭子
発行人　倉次辰男
発行所　株式会社　主婦と生活社
〒104-8357 東京都中央区京橋3-5-7
【編集部】TEL03-3563-5321
【販売部】TEL03-3563-5121
【生産部】TEL03-3563-5125
https://www.shufu.co.jp
印刷所　大日本印刷株式会社
製本所　株式会社若林製本工場
ISBN978-4-391-15656-0